Hannes Jaenicke

Wer der Herde folgt, sieht nur Ärsche

Warum wir dringend Helden brauchen

 PENGUIN VERLAG

INHALTSVERZEICHNIS

....

›Nur tote Fische schwimmen mit dem Strom‹ lautet eine
gern zitierte indianische Weisheit gegen Herdentrieb und
Mitläufer. Diesen Spruch gab es in den 70ern als Bum-
per-Sticker, und er leuchtete mir ein. Er passte zwar nicht
unbedingt ins gestrenge deutsche Schulsystem, aber umso
besser zu dem zahlreichen, bestialisch stinkenden Fisch-
sterben, das meine Jugend an diversen Flüssen begleitete
und dazu führte, dass das Ruder-Training im Zweier oder
Vierer gelegentlich ausfiel. Gegen den Strom zu schwimmen
schien mir also erstrebenswert, ähnlich wie unvernünftig
zu sein. Aus dem Mund meiner Eltern klang ›vernünftig‹
immer wie ›tot‹, nur eben vorher. Und es erschien mir in
etwa so attraktiv, wie mit toten Fischen im Rhein, Main
oder Ohio flussabwärts zu treiben. Was aber sowohl meine
Eltern als auch die weisen Indianer beflissentlich verschwie-
gen, war die Tatsache, wie viele angepasste, mittelmäßige
Langweiler einem entgegenkommen, wenn man tatsächlich
versucht, gegen den Strom zu schwimmen, querzudenken,
eigensinnig zu sein. Und wie anstrengend das sein kann,
wie undankbar, einsam, manchmal sogar gefährlich. Aber
eben auch befreiend und befriedigend: Ein Drachen oder
Flugzeug startet auch nicht mit, sondern gegen den Wind.

Ausgewachsene Lachse beispielsweise, um bei Fischen
zu bleiben, verbringen ihr Leben damit, gegen den Strom
zu schwimmen. Dass sie nach ihrer mühsamen Reise vom
Ozean die Flüsse und Stromschnellen hinauf bis zur Quelle
und zu Laichplätzen überhaupt lebend ankommen, ist ein
Wunder (es schaffen nicht viele). Kein Wunder ist, dass
sie nach Ankunft, Paarung und Ablaichen im Herbst völlig
erschöpft im seichten Wasser nahe der Quelle verenden,

was wiederum die Nahrungsgrundlage für den im kommenden Frühjahr schlüpfenden Nachwuchs ist. Der Lachs ist in meinen Augen ein gutes Beispiel sowohl für gesunden Herdentrieb als auch für das krasse Gegenteil. Wilde Lachse verbringen in etwa vier Jahre im Meer, um groß und stark genug zu werden für die strapaziöse Flusswanderung. Ein Farm-Lachs, zum Herdendasein gezwungen, schafft diese sogenannte ›Marktgröße‹ dank Mästung und Hormonbehandlung in vier Monaten. Aber anstatt auf große Reise zu gehen, die zunächst mit Abenteuern, am Schluss mit Sex und Familiengründung belohnt wird, lebt der gefarmte Lachs in engen Gehegen, in denen er sich nicht bewegen kann, und wird entsprechend fett, krank und permanent medikamentös behandelt. Kein schönes Leben, unserem leider nicht unähnlich. Und wenig später liegt er als vermeintliche Delikatesse in Plastik eingeschweißt zum Niedrigstpreis im Supermarkt-Regal und wird uns als Omega-3-reiches Superfood angepriesen. (Das bleibt uns immerhin erspart.)

Im Gegensatz zum Lachs haben wir den Luxus oder auch die Qual der Wahl, ob unser Leben eine Abenteuerreise in Freiheit wird oder ein zwar sicheres, aber beengtes, sterbenslangweiliges, gegen Überfettung kämpfendes Dahinsiechen. Und wer beim stromaufwärts Schwimmen mal nach rechts und links guckt, wird immer wieder spannende Gleichgesinnte treffen, vermutlich ein Stück der Reise gemeinsam tun und ansonsten frei schwimmend und springend versuchen, die Quelle bzw. den Laichgrund zu erreichen. Wer mit dem Strom schwimmt, begegnet diesen Abenteurern nur für kurze Augenblicke im Gegenverkehr, ansonsten sieht er lebenslänglich nur Schwanzflosse und Anus des Vordermanns.

Im Tierreich bietet die Herde den Jungen, Alten und Schwachen Schutz, Nahrung und Sicherheit. Die Leittiere sind in der Regel die erfahrensten, intelligentesten, stärksten Tiere, egal ob bei Elefanten, Walen, Gnus, Wasserbüffeln oder Zugvögeln. Das macht Sinn, auch unter uns Zweibeinern, die sich gern und unnachahmlich arrogant für die Krone der Schöpfung halten. Erstaunlich ist nur, welchen Leittieren wir gelegentlich folgen. Da unterscheiden wir uns von der tierischen Verwandtschaft: Die wird nur dann von unfähigen Anführern geleitet, wenn das Leittier umgekommen oder verletzt ist. Beispiele wären junge Elefantenkühe, die eine Herde übernehmen müssen, weil die Leitkuh Elfenbein-Wilderern zum Opfer gefallen ist. Oder Wale, deren Gehörgang und Orientierung durch Ölbohrungen beschädigt wurden und die deshalb Anstrandungen der ganzen Herde verursachen. (Der Homo sapiens dagegen wählt freiwillig Berlusconi, Putin, Orbán, Kaczyński, Erdoğan, Trump und wundert sich dann über die fatalen Folgen.)

Seit ich Umwelt- bzw. Tier-Dokus drehe und mich mit dem allgegenwärtigen Herdentrieb bei Tier und Mensch beschäftige, spiele ich in meinem Freundes- und Bekanntenkreis beim Weinschlürfen ein kleines Fragespiel: Wer sind heute bei uns in Deutschland Vorbilder, Leitfiguren, moralische Instanzen? Und jedes Mal beginnt das große Stottern. Nach einigem Nachdenken fallen dann zögerlich Namen wie Gauck, Käßmann oder Neudeck, werden aber schnell wieder verworfen. Warum eigentlich? Warum haben wir keine Helden, Idole, Vorbilder mehr? Warum sind wir so bemüht, nie aufzufallen, und so besorgt darüber, was andere über uns denken? Woher kommt unser hartnäckiges Streben nach Mittelmäßigkeit, der Hang zu Obrigkeitshörigkeit, Opportunismus und Dünndarmkriechen? Warum wandern jedes Jahr immer mehr Deutsche in Rekordzahlen aus?

Wir wären vermutlich vergnügter und gelassener, wenn wir gelegentlich »Drauf geschissen!« sagen und unser

eigenes Ding machen würden. Heruntergezogene Mundwinkel und Dörrpflaumen als Mund-Ersatz wären seltener,
wenn wir uns weniger ängstlich in die Herdenkolonne ein-
reihen würden.

Die Medien tun, als hätten wir ganze Armadas von
prominenten Vorbildern. TV-, Pop- und Schlagerstars,
Fußballer, gelegentlich sogar Politiker: Klum, Bohlen,
Jauch, Fischer und Silbereisen, Beckenbauer und andere
Lichtgestalten, Formel 1-Fahrer oder Guttenberg und Flin-
ten-Uschi ... Wenn keine Show- oder Sport-Größen greifbar
sind, werden überflüssige Hohlköpfe berühmt gemacht. Allesamt werden sie wenig später wieder geschlachtet oder
vergessen, manchmal zu Recht, manchmal zu Unrecht.
Ich fand es immer ausgesprochen hilfreich, Vorbilder und
Helden zu haben, egal ob es Swimmy der Fisch, Charly
Brown, Rockmusiker wie Springsteen, Greenpeace-Akti-
visten, Obelix, Ingemar Stenmark oder völlig Unbekannte
aus meinem Umfeld waren. In meiner Kindheit war eines
davon meine Großmutter, Nonna genannt. Sie war überaus
großzügig, lachte viel und war fest davon überzeugt, dass
man nichts, was wirklich glücklich macht, mit Geld kaufen
kann. (Außer Essen vielleicht, insbesondere Marzipan, sie
war schwer übergewichtig und wurde trotzdem 93.) Eines
ihrer Mottos war: »Wenn Du es richtig machst, kommt all
das Geld, das Du zum Fenster rauswirfst, durch die Tür
wieder rein.« Als sie 1988 starb, bestand ihr Vermögen aus
exakt 1.100 DM, eine wunderbare Lektion für ihre zehn
Enkel, die jeder 110 DM und ein bisschen Nippes erbten.

Nachdem ich mit der Schauspielerei angefangen hatte,
wurde Götz George mein Vorbild, und der formulierte einmal einen brillanten Satz zum Thema Herdentrieb: »In
Deutschland ist die Luft für Eigensinnige dünn, man muss
den Sauerstoff suchen.« Ich verstand das als Aufforderung
und als Erfolgsrezept: Götz war unbequem, hasste alles

Mittelmäßige, es war ihm zunehmend egal, was Medien und Branche über ihn dachten und redeten, und spielte genau deshalb in einer einsamen Klasse. Er war der letzte Recke des deutschen Films, und der wohl letzte echte Volksschauspieler. Schimmi war der Held einer ganzen Generation. Das wird man nicht durch Mitlaufen, Anpassen, Hinterherdackeln oder Speichellecken, sondern durch Querdenken, an etwas Glauben, sich treu Bleiben.

Da ich unverschämt oft das Glück hatte, Menschen mit ähnlicher Leidenschaft, Überzeugung, Großzügigkeit zu treffen wie meine Oma oder Götz, wundert es mich umso mehr, dass mein Heimatland, ehemals Land der Dichter und Denker, ohne Vorbilder und moralische Instanzen auskommt und dass wir eine Herde sein wollen ohne Kompass und Leitfiguren. Jede Kultur hat ihre Helden-Sagen, in Kino, Theater, TV und Literatur geht nix ohne Helden, jedes Kind braucht Orientierung, Leitfäden, Lieblingshelden. Und es gibt sie scharenweise, auch wenn sie völlig unbekannt, unerkannt, unscheinbar sind. Sie haben keinen dauer-erigierten Zeigefinger, der uns den Weg zeigen will, sondern schlimmstenfalls einen steifen Mittelfinger in Richtung Herde, wenn diese sich wieder mal fatal verirrt: im Hype, Mobbing, Shitstorm, Kauf- und Konsum-Rausch, in kollektivem Gejammer, Gemecker, in Angst und populistischen oder ›post-faktischen‹ Stammtisch-Sprüchen.

Dieses Buch soll anhand von persönlichen Begegnungen und Erlebnissen ein Mutmacher, eine Lobhudelei auf Individualismus und quergebürstete Gehirnnutzung sein. Beides würde uns (und der Welt) gut tun. Die Herde ist eine wunderbare, unterhaltsame und lebensnotwendige soziale Einrichtung, solange man genau weiß, wann, wo und warum man ein- bzw. ausscheren sollte.

TEIL 1
DIE HERDE

Grundsätzlich gibt es gegen Herdentrieb und Schwarmverhalten nichts einzuwenden. Das ist schlicht und einfach Biologie: Milliarden von Rindviechern, Gänsen, Lemmingen und Sardinen können nicht irren und scheinen aus menschlicher Perspektive gut damit zu fahren. Beim Zweibeiner ist es eine Lebens- und Gesellschaftsform, die v.a. Kindern, sozial bedürftigen, schwächer gestellten oder unselbstständigen Mitgliedern ein Gefühl der Sicherheit gibt und sie im Idealfall schützt und auffängt. Auch Menschen, die einem Po-Fetisch fröhnen, gern fremde, schaukelnde oder wackelnde Hintern betrachten und denen das gelegentlich entweichende Methan-Wölkchen nichts ausmacht, sollen bitte ihrer Herde folgen. Die zu Bequemlichkeit und trägem bzw. Nicht-Denken Neigenden ebenso, die wären sonst permanent gestresst oder gingen verloren. Das gilt auch für alle, die sich, ganz Herdenvieh, bei Quotenhits wie ›Dschungelcamp‹, ›Bauer sucht Frau‹, ›Berlin – Tag und Nacht‹, ›Schwiegertochter gesucht‹, ›Adam und Eva‹, ›DSDS‹, ›GNTM‹ u.v.m. millionenfach kollektiv vor die Glotze lümmeln und dieselbe Chips-, Bier- und Brausemarke konsumieren wie alle anderen, die auch noch die Werbe-Spots über sich ergehen lassen. Das Problem dabei ist nur, dass es weder glücklich macht, noch gesund ist oder einen weiterbringt.

Jahrtausende philosophischer und ein volles Jahrhundert psychologischer Forschung haben ergeben, dass es die Suche nach Glück und Sinn ist, die uns Menschen an- und umtreibt. Wer hätte das gedacht! Aber da verwundert es ein wenig, womit die menschliche Herde ihr Glück sucht, vom Sinn ganz zu schweigen. Jeden Samstag sind Fußgängerzonen und Einkaufspassagen brechend voll. Ich shoppe, also bin ich? Shopping is my therapy? »Nice try«, wie die Amerikaner sagen: Die meisten von uns ackern wie Ochsen, um genug Geld zu verdienen und sich Dinge kaufen zu können, die wir entweder nicht brauchen oder mit denen wir Mitmenschen beeindrucken wollen, die wir insgeheim eigentlich scheiße finden. Wie anstrengend. Wie kostspielig. Wie unlustig.

Es überrascht mich selbst immer wieder, wie gerne wir auch als ausgewachsene, gesunde Exemplare des Homo sapiens unqualifizierten Leithammeln und Kühen folgen. Oder, noch dümmer, einfach blind der Herde folgen, ich selbst mittendrin. Irgendjemand schwärmt von einem Buch, das ich unbedingt lesen muss? Schon stehe ich an der Kasse im Buchladen und kaufe es. Jemand erzählt, er habe sich in irgendeiner Comedy scheckig gelacht? Schon sitze ich in einem abgewetzten Kinosessel und hoffe auf Lach-Salven. Oft stelle ich nach zehn Seiten bzw. Minuten fest: Fehlanzeige, ist ja gar nicht mein Ding – klassische Fälle von Herdentrieb. Es geht noch dümmer: In den 90ern hatte ich eine ganze Kollektion von Cowboy-Boots, obwohl ich nie auf einer Ranch gearbeitet, Rinder zusammengetrieben, Pferde eingeritten oder Marlboro-Werbung gemacht habe. Ich stiefelte in viel zu spitzen Boots auf viel zu hohen Absätzen (!) durch Köln und fand mich rasend cool, weil alle anderen coolen Jungs ebenfalls coole Western-Stiefel trugen.

Die Mode- und Textil-Industrie mit ihren Protagonisten wie H&M, Primark, Zara, Mango, S. Oliver u.v.m. sind das banalste, offensichtlichste Beispiel für unseren Herdentrieb. In schöner Regelmäßigkeit werden uns Hosen angedreht, in die man sich nur liegend und mit langem Schuhlöffel hineinzwängen kann. Vor einigen Jahren sank der Hosenbund dann so tief, dass man sich wunderte, wie das Ding ohne Hosenträger oder Zuhilfenahme beider

Hände überhaupt an der Hüfte hängenbleiben konnte. Dafür hatte keiner mehr einen Arsch in der Hose und jeder konnte laut und deutlich die Unterwäsche-Marke lesen. Bei Mädchen waren bauchfrei und enge Jeans angesagt, sodass sie von hinten aussahen wie Muffins. Nur dass das Muffin-Top dank Coca-Cola, Nestlé und McDonalds bei vielen nicht über die papierene Backform quoll, sondern über den Hosenbund. Jetzt ist es gerade wieder schick, manuell mühsam zerschnittene Jeans zu tragen, die viel Haut oberhalb der Kniescheibe zeigen. Aufregend. So aufregend, dass Mario Barth in seiner ›... deckt auf‹-Show konsterniert feststellte, dass sämtliche Frauen und Mädchen in der ersten Reihe des Studios mit fast identischen zerschlissenen Jeans herumsaßen. Ich war Gast in dieser Show, wohnte in einem Hotel am Kudamm und durfte miterleben, wie vor dem Apple-Store nebenan Dutzende von I-Phone-Junkies kampierten, um als Allererste das neue 7er zu ergattern. Ich stolperte auf dem Bürgersteig vor der Mac-Kathedrale über Matratzen, Massage-Stühle, Zelte, Sofas, Sicherheits-Personal, vorbei an Range Rover- und Mini-fahrenden Hipstern und musste an meinen Opa denken. Der hielt es seinerzeit für pädagogisch wertvoll, seinen minderjährigen Enkeln Immanuel Kant zu zitieren: »Habe Mut, dich deines eigenen Verstandes zu bedienen.« Dass die eine Minute entfernt liegende Kantstraße nach diesem klugen Mann benannt ist, weiß vermutlich niemand in dieser Whatsapp-, Snapchat- und Instagram-süchtigen Horde. Die verpulvert begeistert 700 Flocken fürs neue Smartphone und ignoriert ebenso begeistert, dass sie soeben dem größten Steuertrickser der Welt noch mehr Geld in die Kasse spült. (Apple wurde 2016 von der EU-Kommission verdonnert, 13 Milliarden an Steuern nachzuzahlen. Solche Strafzahlungen schaffen sonst nur halb-kriminelle Vereinigungen wie VW und die Deutsche Bank.)

Aber man trifft auch immer wieder Leute, die nicht in diesem Hamsterrad mitrennen, und das sind interessanterweise die spannenden, unterhaltsamen, originellen. Und viele von ihnen, man glaubt es nur ungern, sind sogar erfolgreich. Aber sie werden dann wahlweise Außenseiter, Aussteiger, Hippies, Alternative, Träumer, Querdenker, Spinner, Verweigerer, Loser, Spaßverderber, Sonderlinge genannt. So geschehen bei Richard Branson (Virgin), Steve Jobs (Apple), Yvon Chouinard (Patagonia), Götz Werner (dm), um ein paar prominente Namen zu nennen. Selbst das schöne Wort ›Lebenskünstler‹ wird hierzulande quasi als Schimpfwort benutzt, obwohl es genau darum gehen sollte: kunstvoll zu leben. Aber wie schafft man das, ohne sich aus der Herde zu verabschieden und als Eremit zu leben?

Jeden Tag Nikolaus

Im Ausland begegnet einem der Lifestyle-Herdentrieb auffällig seltener als in Deutschland. In England, Italien oder Holland gibt es jede Menge Leute, die schon von ihrem Äußeren her als Individualisten zu erkennen sind. Mitte der 80er Jahre wohnte ich einige Zeit in der Nähe von London in dem Pendlerstädtchen St. Albans. Im Traditions-Pub ›The Six Bells‹ trafen sich abends die Leute aus der Umgebung. Auch eine Nachbarin kam regelmäßig auf ein paar Half-Pints vorbei. Sie war immer gut gelaunt, selbst für britische Verhältnisse auffallend höflich und schlagfertig. Dass sie das ganze Jahr hindurch im selben Blümchenkleid und in Hausschlappen unterwegs war, störte niemanden. Es wurde nie erwähnt. Auch sonst war sie unangepasst: Aus den Fenstern ihres Reihenhäuschens blinkte und leuchtete es rund ums Jahr, hauptsächlich in rot-weiß. Neugierig, wie ich war, sprach ich sie eines Abends darauf an, und am nächsten Tag zeigte sie mir ihre Sammlung von zweitausend Nikoläusen in allen Größen und Formen. Aus Holz, Plastik, Glas, Keramik, Stoff, historisch, modern blinkend, batteriebetrieben von innen beleuchtet oder Weihnachtslieder singend, von 2 cm Höhe bis zum aufblasbaren 2 x 1 m Monstrum, das sie wohl irgendwie bei Coca-Cola abgestaubt hatte. Ihre Bude war so voll mit Nikoläusen, dass man sich in schmalen Gängen durch sämtliche Zimmer zwängen musste. In Deutschland hätte man ihr vermutlich einen Vormund verpasst. In England war ihr Hobby völlig akzeptiert. Meine Nachbarin war eben Katie, ›the lady with the Santa Clauses‹. Mehr gab es über sie nicht zu sagen.

Mentale Skoliose

Ich frage mich immer, warum es in Deutschland spießiger und weniger gelassen zugeht als anderswo. Wer aus der Reihe tanzt, fällt schnell und unangenehm auf. Menschen, die darauf pfeifen, was ›man‹ trägt, wie ›man‹ sich verhält oder sein Leben gestaltet, welches Auto ›man‹ fährt, trifft man wesentlich seltener. Wir Deutschen holen unseren Individualismus am liebsten von der Stange. Warum?

Yvonne, die berühmteste Kuh Deutschlands, war überaus individualistisch und beschloss eines Tages im Sommer 2016, sich von ihrer Herde zu entfernen – zumindest hat sie es versucht. Sie hielt die gesamte Republik tagelang in Atem, wurde beinahe erschossen und landete schließlich auf einem Gnadenhof. Das muss auch anders gehen, davon bin ich überzeugt. Dass eine freiheitsliebende Kuh von den verantwortlichen Männern (!) zum Abschuss freigegeben wird, genau wie zehn Jahre zuvor ein zweijähriges Bärenbaby namens Bruno, sagt schon viel über unser Land, dem Weltmeister der Ängstlichkeit und Sicherheitsfanatiker. Eine dickköpfige Kuh und ein Problem-Bärchen ... echt?

Warum wurde Yvonne so berühmt? Weil sie aus der Reihe getanzt ist, weil sie ihrem Freiheitsdrang folgte, weil sie auch beim Anblick von bewaffneten Polizisten und aufdringlichen TV-Leuten unbeirrt ihre Haltung bewahrte. Besäße sie einen dritten Mittelhuf, sie hätte ihn wie Peer Steinbrück in die Kameras gestreckt und »Fuck you!« gemuht. Peer Steinbrück wurde zwar nicht zum Abschuss freigegeben, aber medial geschlachtet. So was macht ›man‹ doch nicht! Steinbrück war ein Politiker, der auch mal politisch nicht 100 prozentig korrekte oder unbequeme Wahrheiten sagte und Humor, Haltung und Kante zeigte.

Womit wir beim Thema wären: Es gibt einen simplen Test, mit dem man die deprimierende Unterzahl von Menschen mit Haltung gegenüber Menschen mit Herdentrieb belegen kann. Wenn man das Wort ›Haltung‹ googelt, ploppen seitenweise Informationen auf über – Rückenbeschwerden! Wie man sie durch richtiges Sitzen, Stehen, Gehen und Sporteln wieder loswird, was es an rückenschonenden Sitzmöbeln gibt, wie man zu einer gesunden ›Haltung‹ findet. Orthopädie, Osteopathie, Physiotherapie, Ergotherapie, Pilates, Yoga, Salben und Medikamente, Stretch-Korsagen, Spezialkissen und -matratzen, es nimmt kein Ende. Es ist bezeichnend, dass unserer Schwarm-Intelligenz und Schwarm-Dummheit – sprich dem Internet – zum Thema Haltung nichts Besseres einfällt als Pezibälle.

Ich gebe Google eine zweite Chance und tippe ›innere Haltung‹ ein. Das Ergebnis ist kaum besser. Jetzt schlägt das Netz Webseiten vor, die zeigen, wie die innere Einstellung (›Ausstrahlung eines Gewinners!‹ ›Karriereziele fokussieren!‹) zum Erfolg führt; gemeint ist vermutlich der finanzielle Erfolg. Oder, auf den eher frauenorientierten Seiten: wie innere Schönheit (Yoga! Pilates! Matcha-Tee! Mach mal Pause!) zur äußeren Schönheit wird und man auf dem Dating-Markt besser abschneidet – damit geht es wieder um dasselbe wie beim ersten Versuch: Aussehen und Erfolg, meist finanzieller Natur. Auch wenn es dann um das Einkommen des Tinder-, Bumble-, Parship-, Elite-Partner-Dates geht. ›Und? Was machst Du so beruflich?‹ Übersetzt: ›Bin ich attraktiv genug für einen mit Deinem Einkommen?‹ (Der Erfolg von Websites wie ›Sugardaddy.com‹ spricht Bände.)

Im Netz also immer noch nix zum Thema innere Haltung, oder was ich darunter verstehe: die mit Werten und Überzeugungen, für die man bereit ist einzustehen. Ganz im Gegenteil. Es wird eindringlich davor gewarnt, zu hohe Erwartungen an sich selbst zu haben: Ganz falsch, das macht nur unglücklich! Jeder User bekommt ja andere Suchergebnisse angezeigt. Bei mir steht an erster Stelle ein ›Focus‹-Artikel, in dem mir folgende Sätze ins Auge springen: »Auch erfolgreiche und tatkräftige Menschen haben Sorgen. Aber sie lassen nicht zu, dass diese Sorgen ihr Tun und Handeln beeinflussen.«[1]

Das ist pervers, mit Verlaub. Der Begriff ›innere Haltung‹ wird hier genau als Gegenteil dessen missbraucht, was Menschen dazu motiviert, Rückgrat zu zeigen und so zu Vorbildern oder gar Helden zu werden. Die AKW-Gegner, die jahrzehntelang Tränengas und Wasserwerfer über sich ergehen ließen, haben sich Sorgen über nukleare Verstrahlung gemacht und deshalb Demos und Sitzblockaden organisiert. Und dank Tschernobyl und Fukushima deutlicher Recht bekommen, als ihnen lieb sein konnte. Die Geschwister Scholl sorgten sich um die Zukunft Deutschlands, brachten dies zum Ausdruck und bezahlten mit ihrem Leben. Dominik Brunner machte sich Sorgen um die jugendlichen S-Bahnfahrer, die bedrängt wurden, auch er bezahlte seine Haltung mit dem Leben. Die Leute, die sich gegen Glyphosat und Monsanto, gegen Antibiotika in der Massentierhaltung, gegen die Plastikvermüllung engagieren, machen sich Sorgen um unsere Gesundheit und die des Planeten … Die Liste ließe sich x-beliebig verlängern.

Dass sich (innere) Haltung in unserem Denken und Leben nur noch auf Orthopädie und berufliches Weiterkommen bezieht, muss relativ neu sein. Zu tief sind Vokabeln wie ›Rückgrat‹, ›rückgratlos‹, ›rückgrat-amputiert‹, ›aufrechten Ganges‹, ›katzbuckeln‹, ›Wendehals‹, ›erhobenen Hauptes‹ etc. in unserem Sprachgebrauch verwurzelt. Vielleicht liegt hier eine Erklärung, warum es hierzulande – abgesehen von Fußball-Stars, den Geissens und Heidi Klum – keine Helden mehr gibt.

Gruß aus der Steinzeit

Herdenverhalten liegt in unserer DNA. Lieber sich der Mehrheitsmeinung und dem Mehrheitsverhalten anschließen, als allein auf weiter Flur dazustehen. Das war schließlich knapp hunderttausend Jahre lang lebensgefährlich. So schnell bekommen wir den Reflex, uns den anderen anzuschließen, nicht aus unserem Verhalten raus.

Tatsächlich sind wir schon als Kleinkinder auf Konformismus gepolt. Die Verhaltensforscher Daniel Haun und Michael Tomasello[2] zeigten das mit folgendem Experiment: Sie gaben Vierjährigen Bilderbücher in die Hand. In der Gruppe sollten sie laut sagen, was auf den Seiten abgebildet war: Tier-Papa, Tier-Mama oder Tier-Kind. Gemeinerweise waren bei einem der Bücher ein paar Seiten ausgetauscht. Eines der Kinder musste also ganz verunsichert feststellen, dass seine Antworten manchmal scheinbar falsch waren. Wenn die anderen fröhlich krähten: »Mama-Affe!«, war auf seiner Seite das Affen-Baby abgebildet. Upps!

24-mal führten Haun und Tomasello diesen Versuch durch, 24 Vierjährige mussten verblüfft feststellen, dass ihre Wahrheit eine andere war als die der anderen. Und jetzt kommt's: 18 von ihnen passten sich mit bewunderungswürdiger Schnelligkeit der Mehrheitsmeinung an und riefen nach kurzer Schrecksekunde mit den anderen »Mama-Affe!«, obwohl das Affenbaby abgebildet war.

Kinder *müssen* sich anpassen, das ist für sie überlebenswichtig. Ohne Herde sind sie verloren. Sie brauchen deren Schutz, um irgendwann ihr Leben selbstständig gestalten zu können. Dieser Schutz ist wichtiger, als Recht zu behalten. Wenn man beobachtet, wie eine Elefantenherde bei Gefahr ihre Jungtiere in ihre Mitte nimmt und die ausgewachsenen Tiere einen unüberwindlichen Festungswall aus Körpermasse, Rüsseln und Stoßzähnen bilden, bekommt man Gänsehaut. Dagegen ist jede Wagenburg ein Bällebad.

Manchmal geht eine Herde sogar noch weiter, um ihre Mitglieder zu schützen. Wenn Gnus in riesigen Herden durch die afrikanische Savanne wandern, sind die Löwenrudel nicht weit. Die Raubtiere versuchen, einzelne Gnus aus der Herde herauszusprengen, um sie auf freiem Feld hetzen und reißen zu können. Manchmal gelingt das den Löwen auch. Aber oft auch nicht. Man könnte meinen, wenn so ein Gnu erst mal isoliert wurde, ist es dem Tode geweiht. Doch selbst wenn sich die Löwen angesichts des panisch in die verkehrte Richtung rennenden Tieres schon genüsslich die Lefzen lecken, stehen ihre Chancen auf einen vollen Bauch nicht gut. Denn die Herde holt sich ihren verlorengegangenen Kumpel zurück. Ein paar kräftige Gnus scheren aus der Herde aus, setzen den Löwen nach, stoßen mit ihren Hörnern zu, lassen nicht locker, bis sich die Löwen entnervt zurückziehen.

Die Herde ist eine großartige Erfindung von Natur und Evolution, der Schutzfaktor liegt bei SF 90. Wenn wir Menschen also wie Elefanten und Gnus ebenfalls Herdentiere sind, ist das in Notsituationen zunächst mal eine Überlebensstrategie. Die sozial bedürftigen, schwächer gestellten, unselbstständigen Mitglieder dürfen sich sicher fühlen und werden im Idealfall aufgefangen.

Wasserflaschen und Windeln

Wie konstruktiv menschliches Herdenverhalten sein kann, kann man regelmäßig nach Flutkatastrophen und Hochwassern beobachten. Auch das Sommermärchen 2015 hat dies eindrucksvoll gezeigt. Beim Märchen von 2006 haben uns unsere hochbezahlten Kicker und ihre korrupten Funktionäre eine wunderschöne Fußball-Party serviert. Wir Fans waren happy und der Rest der Welt wunderte sich, dass wir Deutschen auch ohne Stock im Hintern und bestens gelaunt ein weltoffener Gastgeber sein können. Aber 2015 hat Deutschland auf eine viel grandiosere Weise gezeigt, dass es mehr kann, als misstrauisch, muffelig und besserwisserisch zu sein.

Im ganzen Land standen Helfer an den Bahnhöfen und in eilig hergerichteten Flüchtlingsunterkünften bereit und taten, was zu tun war. Vor allem die älteren unter ihnen hatten noch eine Vorstellung davon, was Menschen brauchen, die ihre Heimat mit nicht mehr als einem Rucksack verlassen haben und Wochen und Monate in der Hitze Nordafrikas, auf dem Mittelmeer oder zu Fuß auf der Balkanroute unterwegs waren: Wasserflaschen, Unterwäsche, Windeln, Deos, Müsliriegel. Einfach jeder packte an, Studenten, schwäbische Hausfrauen und Abteilungsleiter, und verteilte Lebensmittel, organisierte Kleidung, schleppte Matratzen, hatte ein Lächeln bereit. Erstaunlich, was alle miteinander in so kurzer Zeit auf die Beine gestellt haben! Ohne diese Freiwilligen wären die Städte und Gemeinden aufgeschmissen gewesen.

›Willkommenskultur‹, ›eine Welle der Hilfsbereitschaft‹, hieß es immer wieder in den Medien. ›The New Germany‹, titelte die New York Times. Man hörte im Radio oder von Bekannten und sozialen Medien, dass sich Leute aus der eigenen Stadt am Bahnhof nützlich machen, und dachte: »Da geh ich morgen auch hin.« Diese positive Variante des Herdentriebs führte dazu, dass Deutschlands Image in der Welt so positiv ist wie noch nie. Die negative Variante wird leider von Terroristen wie Anis Amri oder Politikern wie Seehofer, Petry und Pretzell befördert, die alles tun, um diese weltweit ziemlich einmalige Offenheit und Gastfreundschaft wieder zunichte zu machen: Sie schüren Angst, Misstrauen und Vorurteile.

Offenbar wissen sie ganz genau, dass Rückgrat-Amputationen besser funktionieren als -implantationen. Wie auch, wenn man keine Vorbilder hat oder sie sofort vom Sockel haut, kaum dass sie wahrgenommen werden? Angela Merkel wird Ende 2015 aufgrund ihrer Haltung in der Flüchtlingskrise vom ›Time Magazine‹ zur ›Person of the Year‹ gekürt. Wenige Monate später tragen AfD- und Pegida-Anhänger bei Demos Plakate mit der Aufschrift ›Merkel nach Sibirien, Putin nach Berlin!‹ und grölen ›Merkel muss weg!‹.

2016 wurde Mutter Teresa heiliggesprochen, völlig zu Recht. Was steht daraufhin in den deutschen Medien? Dass die hygienischen Zustände in ihren indischen Einrichtungen mangelhaft gewesen seien. Dass sie eine erzkonservative Katholikin und Abtreibungsgegnerin war. Echt jetzt?

Facebook-Gründer Mark Zuckerberg und seine Frau spenden die größte Summe aller Zeiten und 99 Prozent ihrer Facebook-Aktien für gute Zwecke. Der bundesrepublikanische Tenor: alles Eigen-PR. Und Caren Miosga versteigt sich in den ARD-Nachrichten (!) zu der verwegenen Behauptung, er tue das sowieso nur aus Gründen der Steuer-Ersparnis. Wir zahlen den öffentlich-rechtlichen Sendern jährlich ca. acht Milliarden Euro an Gebühren; da darf man eigentlich erwarten, dass Frau Miosga und ihre Redaktion sich mal über die amerikanische Steuergesetzgebung schlaumachen, oder? Ihre Behauptung ist nämlich nicht nur eine peinliche Demonstration deutscher Kleingeistigkeit, Häme und Missgunst, sondern auch sachlich absoluter Bullshit.

Die Offenbacherin Tuğçe Albayrak zeigte laut und deutlich Haltung, und sie überlebte nicht. Würden mehr unserer Landsleute Rückgrat beweisen und Haltung beziehen, hätten Ausnahmeerscheinungen wie Hans und Sophie Scholl, Dominik Brunner oder Tuğçe Albayrak überlebt, anstatt posthum mit schöner Regelmäßigkeit fürs Bundesverdienstkreuz vorgeschlagen zu werden. Wie verlogen ist das denn! Warum feiern wir Menschen, die klare Kante zeigen, nicht schon zu Lebzeiten? Und wie kommt ein ›Leitmedium‹ wie ›Der Spiegel‹ dazu, Tuğçe selbst die Schuld an ihrer Ermordung zu geben, weil sie ein lockeres Mundwerk hatte und die sexuellen Belästiger bei McDonalds verbal in die Schranken weisen wollte?

Es scheint, als wäre eine klare, aufrechte Haltung in unserer Gesellschaft aus der Mode gekommen und spiele, wenn überhaupt, nur eine untergeordnete oder sogar lästige Rolle. Merkel zeigt nach zehn Jahren Aussitzen- und Abwarten-Politik erstmals bewundernswert klare Haltung und wird in Dresden mit »Verpiss Dich, Du Fotze!« beschimpft, weil sie, dem Grundgesetz und christlichen Glauben folgend, Flüchtlinge aufnimmt. Millionen von uns engagieren sich ehrenamtlich, helfen Flüchtlingen, Kranken, bedürftigen Kindern, setzen sich für die Umwelt ein. Was ist der Dank? Man ignoriert sie weitestgehend oder tituliert sie als ›Gutmenschen‹. Wir dürften weltweit das einzige Land sein, das sich lieber über Gutmenschen als über schlechte Menschen ereifert. Wir meckern lieber über Iris Berbens Israel-Engagement, Bonos und Grönemeyers Afrika-Initiativen, Claudia Roths Menschenrechts-Aktivismus, Til Schweigers Flüchtlingsheim als über korrupte und kriminelle DAX- und Fußball-Manager, bigotte christlich-soziale Politiker, steuerbetrügende Formel-1-Fahrer mit Panama-Konten und Monaco-Wohnsitzen, NSU-Tschäpe und die grassierende braune Szene.

Nicht mal beim alltäglichen Einkauf zeigen wir Haltung: Textilien aus Kinderarbeit und sklavenartigen Sweatshops in Asien; Billigstfleisch von Tönnies, Wiesenhof und anderen Profiteuren der Massentierhaltung; VWs, Audis und Porsches kaufen wir munter in unveränderten Stückzahlen weiter, obwohl Piëch, Winterkorn, Stadler und Co. jahrelang Mensch und Umwelt absichtlich und wissentlich vergiftet haben. Und fair gehandelte und umweltfreundliche Produkte sind uns zu teuer, auch wenn der Preisunterschied minimal ist.

Nichts brauchen wir dringender als Menschen mit Haltung, Menschen die sich engagieren und Verantwortung übernehmen. Die, die wir haben, sollten wir feiern wie Fußball- und Popstars, dann sähe die Welt anders aus. Wir müssen sie ja nicht gleich auf meterhohe Sockel stellen. Eine Bierkiste würde es tun, dann wäre das Herdentier fast auf Augenhöhe und fühlte sich nicht unterlegen, sondern animiert und angesprochen.

The Boss

Anfang der neunziger Jahre saß ich mit dem Regisseur Carl Schenkel im ›Mandarette-Café‹, einem kleinen, schlichten chinesischen Restaurant in Los Angeles. Wir hatten gerade ›Zwei Frauen‹ gedreht und sprachen über Drehbücher und Projekte. Ein paar Tische weiter hörten wir heiseres, lautes Lachen. Da saß ein Typ mit einem attraktiven ›Redhead‹, und die beiden quatschten, was das Zeug hielt. Das Paar strahlte eine Wärme aus, die eine Kleinstadt durch den Winter hätte bringen können. Der Mann trug alte Levi's und ein verwaschenes Sweatshirt, beides nicht allzu frisch, und seine Essmanieren waren, sagen wir mal: einfach. Wenn er seine Bauarbeiter-Arme lachend im Nacken verschränkte, wurden Löcher in seinem Sweatshirt sichtbar.

Carl und ich erkannten den Mann sofort: Es war Bruce Springsteen, der mit seiner Noch-nicht-Ehefrau Patti Scialfa zu Abend aß.

›Born to Run‹ war meine zerkratzteste Single, LPs konnte ich mir 1975 als 15-Jähriger nicht leisten. (Mit 17 fing ich an, in einem Schallplatten-Laden namens ›Govi‹ zu jobben, um LPs zum Einkaufspreis ergattern zu können.) Im Sommer 1976 besorgte mir ein befreundeter, in Regensburg stationierter GI aus Philadelphia ein verbilligtes Ticket für mein erstes Springsteen-Konzert. Er spielte in Frankfurt und die knapp vierstündige Show kam für mich einer semi-religiösen Erfahrung gleich. Seitdem haben mich ›The Boss‹, seine E-Street Band und ihre Songs durchs Leben begleitet. Als Springsteen über Mädchen, Motorräder und Autos sang, waren das gerade exakt meine Themen. Als er politisch wurde, versuchte ich mich gerade als Miniatur-Aktivist und gab gemeinsam mit Schulkameraden eine Schüler-Zeitung mit dem peinlichen Titel ›Calypso‹ heraus, die sofort nach der ersten Ausgabe vom Direktor, einem erzkonservativen Mann namens Duschl, verboten wurde. Springsteens Songs drehten sich zufällig immer genau um die Themen, die mich gerade beschäftigten: Liebe suchen, Liebe finden, Liebe verlieren, Trennungen ertragen, Politisches Engagement und Rückgrat zeigen, sich nicht anpassen oder verbiegen lassen.

In den 70ern engagierte sich Springsteen mit *No Nukes* gegen Kernkraft. Später, während der Stahlkrise unter der ›eisernen Lady‹ Maggie Thatcher, spendete er die Einnahmen seiner Konzerte in England arbeitslosen Jugendlichen. Er finanzierte ›Children of the Night‹, um ›Runaway kids‹ zu helfen und sie von der Straße zu holen. Was für ein Vorbild. Selbst im Rentenalter dauern seine Konzerte noch dreieinhalb Stunden, nach zwei Stunden schickt er die Band in die Pause und macht allein auf der

Bühne weiter. Springsteen *musste* nicht mit seiner Gitarre hinter Obama herlaufen und zweimal für ihn Wahlkampf machen. Hat er aber. Weil er überzeugt war, dass es das Richtige ist. Unbezahlbar, mit so einem Idol aufwachsen zu dürfen: authentisch und immer bereit, sich für diejenigen einzusetzen, für die der amerikanische Traum nie in Erfüllung gegangen und für die kein Platz auf der Sonnenseite des Lebens ist.

Und nun saß mein Held nur ein paar Meter entfernt, spachtelte, quatschte und lachte mit vollem Mund. Und wirkte genau wie auf der Bühne, in seinen Songs und Videos: Er ignorierte Äußerlichkeiten, war völlig uneitel, dafür umso authentischer, herzlicher, sympathischer. In einem Interview sagte er einmal den simplen Satz: »Love what you do, and have something to say. But put it in simple words.« Springsteen, Sohn eines Busfahrers aus N.J., ist nie jemandem hinterhergelaufen, weder musikalisch noch vom Look her. Seit Jahrzehnten trägt er immer dasselbe: Boots, T-Shirt, Hemd mit hochgerollten Ärmeln, manchmal eine Weste ... Nur die Farbe seiner Jeans hat mal gewechselt: von Blau auf Schwarz. Das war's. Ansonsten spielt er ziemlich gut Gitarre, schreibt die besten Texte seit Bob Dylan, schwitzt nach zwei Songs wie andere nach zwei Stunden Dampfsauna und liebt, was er tut. Ein Held, dem weltweit nach wie vor eine überaus bunte, gewaltige Herde aus drei Generationen folgt, der aber selbst nie eine brauchte: He just always did his thing.

Die dunkle Seite der Herde

Viele von uns scheinen die Herde zu brauchen, dabei ist das Herdenprinzip in vielerlei Hinsicht leider bei uns Menschen pervertiert: Blindes Hinterherlaufen tut uns Menschen selten gut. Das Verführerische einer Herde besteht darin, dass man einfach hinterher trotten und sein Hirn ausschalten kann. Das ist wunderbar bequem. Und gleichzeitig ist es auch der Nachteil: Mit dem Hirn im Stand-by-Modus stiefelt man dauernd in die Scheiße der Mitläufer und Vordermänner und macht auch sonst jede Menge lästigen Unsinn. Das treibt gelegentlich so kuriose wie schwachsinnige Blüten: ›Pokémon Go‹ z.B., oder die Millionen in China geschlachteten Füchse und Marderhunde, die als überflüssiger Mode-Schnickschnack an den Krägen unserer Jacken baumeln. Oder eine Beobachtung, über die ich immer staune, wenn ich in München zu tun habe: Jahrein, jahraus fahren perfekt gepflegte, schwer nach Diesel stinkende Land Rover durch Schwabing, Max-Vorstadt oder Haidhausen, die hochglanzpolierten Sandbleche akkurat an den Seiten montiert. Doch statt Wasser- und Spritvorrat für die große Wüstentour besteht die Ladung aus verwöhnten Kindern, Golf- oder Kitesurf-Equipment, oder aus einem Hightech-Mountainbike, das noch nie einen Berg gesehen hat. Diese Münchner ›Abenteurer‹ sind in etwa so glaubwürdig wie Deutsch-Banker, die sich für ein soziales Jahr bewerben. Und verschärfen nebenbei das Feinstaub-Problem, das jedes Jahr tausenden Stadtbewohnern die Gesundheit und sogar das Leben kostet.

»Lass sie doch«, könnte man sagen. »Wenn es sie glücklich macht, ihre Charakter- und Persönlichkeits-Defizite per Gelände- und Sportwagen zu kompensieren ...« Aber so einfach ist die Sache nicht.

Denn wenn Menschen nach dem Herdentier-Prinzip leben – »Wenn der das macht (oder hat), will ich das auch machen (oder haben)« – dient es selten der Herde (so wie im Sommer 2015). Und die Folgen sind leider nicht nur lustig bis lächerlich. Herdenverhalten kann tatsächlich tödlich sein. Die unglückliche Namensgeberin des Genovese-Effekts musste das am eigenen Leib erfahren.

1964 wird die 28-jährige Catherine ›Kitty‹ Genovese

nachts von einem Angreifer durch die Straßen in Queens gejagt und in einem Hinterhof erstochen. Eine halbe Stunde dauert der brutale Angriff auf sie, mindestens 38 Menschen hören sie um Hilfe schreien, einige *sehen* sogar, wie sie attackiert wird und um ihr Leben rennt. Einer dieser Zeugen ruft aus seiner Wohnung auf die Straße hinunter: »Lassen Sie die Frau in Ruhe!« – und schließt das Fenster wieder. Später gibt er bei der Polizei an, dass er überlegt habe, mit einem Baseballschläger hinunterzugehen. »Ich bin stattdessen schlafen gegangen.« Nur ein einziger der Zeugen alarmiert die Polizei – aber erst viel zu spät.

Dieser Vorfall schockierte das ganze Land. Wie konnte es sein, dass niemand eingegriffen hat? Warum hat kein einziger der Zeugen auch nur einen Finger gerührt, um Kitty Genovese zu retten? Oder anders gesagt: Warum zeigt jedes Gnu mehr Einsatzbereitschaft, sich für sein Herdenmitglied einzusetzen, als der Durchschnitts-Mensch?

Die beiden New Yorker Psychologen John Darley und Bibb Latané wollten den Grund für diese merkwürdige Teilnahmslosigkeit wissen. Unter einem Vorwand ließen sie Versuchspersonen Fragebögen ausfüllen. Nachdem der Versuchsleiter die ›Aufgabe‹ erklärt hatte, verließ er den Raum. Nach einiger Zeit wurde dichter Rauch aus dem Belüftungsschacht in den Raum geleitet. Die Frage war: Wie verhalten sich die Versuchspersonen in diesem Notfall? War ein Proband allein im Raum, reagierte er schnell. In 75 Prozent der Fälle stand er innerhalb von zwei Minuten auf, verließ den Raum und informierte den Versuchsleiter. Befanden sich aber mehrere Personen im Raum, wurden nur 13 Prozent der Probanden aktiv. Meist schauten die Versuchspersonen nur unauffällig, was die anderen machen. Manchmal blieben sie sogar dann noch alle miteinander sitzen, wenn der ganze Raum so dicht mit Rauch gefüllt war, dass sie den Fragebogen nicht mehr lesen konnten. –

Ein Gnu hätte bei ersten Anzeichen von Feuer sofort das Weite gesucht!

Darley und Latané schlossen aus diesem und weiteren Versuchen, dass es zwei Gründe für das Verhalten gibt, sich lieber bedeckt zu halten als einzugreifen. Erster Grund: Je mehr Leute in einer Gruppe sind, desto weniger fühlt sich der Einzelne in der Verantwortung. »Sollen sich doch die anderen darum kümmern! Warum ich?« Wenn keiner den ersten Schritt macht, bleiben eben alle stehen. Verantwortungsdiffusion nennen das die Fachleute. Die Verantwortung wird auf so viele Schultern verteilt, dass am Ende gar nichts mehr von ihr übrig ist und niemand sich zuständig fühlt. Genau das hat dazu geführt, dass keiner der Versuchspersonen aufstand und Bescheid sagte: »Hey, hier brennt's irgendwo!«

Zweiter Grund: Jedes Gruppenmitglied denkt: »Wenn die anderen nicht eingreifen, wird die Situation schon nicht so schlimm sein.« Das ist eine direkte Folge davon, dass in der Herde das eigene Hirn ausgeschaltet ist und das vernünftige Denken aussetzt. »Da vorne ist doch irgendwo ein Leittier! Solange das nicht reagiert, muss ich auch nicht reagieren«, sagt sich das Herdentier und grast weiter. Was ist so schwer daran zu erkennen, dass sich ein Raum mit erstickendem Rauch füllt? Welchen IQ braucht man, um sich aus dem Staub zu machen, wenn es brenzlig wird? Dass sogar ein natürlicher Fluchtreflex ausgeschaltet werden kann, zeigt, wie mächtig der Herdentrieb ist.

Verantwortungsdiffusion, abgeschaltetes Hirn und vermutlich auch die Angst, aufzufallen oder sich zu blamieren – das sind die Gründe, die Kitty Genovese das Leben gekostet haben.

Herdentiere im Einzeltraining

Zunächst sollten wir also akzeptieren, dass wir Menschen Herdentiere sind und unser intuitiver Instinkt dazu führt, erst mal zu gucken, was die anderen so treiben. Aber was mich immer interessiert hat, ist die Frage, wie wir clever mit diesem Herdenverhalten umgehen können, wann es uns (und der Herde) nützt und wann nicht. Wie können wir uns konstruktives Herdenverhalten zunutze machen und destruktives vermeiden? Dazu brauchen wir moralische Instanzen, salopp ausgedrückt: Helden. Die alten Griechen hatten sie, die Römer, sogar die Schweizer und alle Marvel-Comics. Es sind die Helden, die im richtigen Moment die Herde verlassen und Außergewöhnliches leisten.

Kinder, die in vielbesuchten Stadtparks im Winter durch die Eisdecke in Seen einbrechen, Unfallopfer, die in ihren Autos eingeklemmt sind, Kranke, die einen Schwächeanfall erleiden und in einer stark frequentierten Fußgängerzone zu Boden gehen – sie alle müssen das Glück haben, dass unter den Menschen, die vorbeilaufen oder herumstehen und glotzen, wenigstens einer ist, der sich aus der Menge löst und zupackt. Also vom Herdentier zum Helden wird. Dazu aber in Teil II mehr.

KAPITEL 2

German Angst oder:
Selbstmord aus Angst vor dem Tod

Ich bin, und das war schon in den späten 60er und 70er Jahren ein bisschen freaky, ohne Fernsehen aufgewachsen. Selbst als wir in den USA lebten, hatten wir keinen Fernseher, wir dürften in Pittsburgh, der seinerzeit größten Stahl- und Kohlestadt der Welt, die Einzigen gewesen sein. Abgesehen vielleicht von den Obdachlosen, die durch die einsetzende Stahlkrise ihr Dach überm Kopf verloren hatten. Meine Eltern betrachteten TV wohl als ungeeignet für die geistige Entwicklung ihrer Kinder, was ich nach 30 Jahren Tätigkeit im TV-Geschäft leider nur bedingt widerlegen kann. Weil wir Kinder also weder ›Sesam-Straße‹ noch ›Mickey Mouse‹-Filme gucken konnten, lasen wir viel. Ich fing an mit ›Babar der Elefant‹, bekam später nebst ihren Pullis die abgelegten Enid-Blyton- und ›Hanni & Nanni‹-Bände meiner großen Schwester und las als natürliche Reaktion auf diese ›Mädchenbücher‹ bald alle Abenteuer- und Entdeckergeschichten, die ich in die Finger kriegen konnte. Robinson Crusoe, Schatzinsel, Lederstrumpf. Karl May fand ich kitschig und langweilig, bei dem dauerte alles immer so lang. Dafür verputzte ich Bücher über die Wikinger, Marco Polo, Vasco da Gama, Christopher Columbus. (Dazwischen gerne auch mal ›Dr. Seuss‹, ›Peanuts‹ und ›Asterix und Obelix‹.) Irgendwann, wir waren mittlerweile zurück in Deutschland, schenkte mein Dad mir Stefan Zweigs ›Sternstunden der Menschheit‹, eine brilliante Sammlung von kurzen Novellen über Menschen, die bahnbrechende Expeditionen oder sonstige Leistungen vollbracht hatten, darunter die Polar-Forscher Robert Scott und Roald Amundsen. Und irgendwann fiel mir auf, dass unter all diesen Abenteurern, Entdeckern, Draufgängern der Weltgeschichte, über die ich jahrelang gelesen hatte, kein einziger Deutscher war. Deutschland produzierte die bedeutendsten Literaten, Komponisten, Philosophen, Ingenieure am laufenden Band, aber keine nennenswerten Abenteurer. Mal abgesehen von Alexander von Humboldt, den aber bis zum Erfolg von Daniel Kehmanns ›Die Vermessung der Welt‹ (2005) und bis zum Riesenerfolg des Buches ›Alexander von Humboldt und die Erfindung der Natur‹ von Andrea Wulf im Winter 2016/2017 kaum jemand kannte.

Deutschland, ein Volk von brillianten Stubenhockern, Bastlern, Theoretikern, Bücherwürmern, Kultur-Nerds? Oder von Angstschissern? Beides, wie es scheint. Es ist ja nicht so, dass wir keine Küsten und Häfen hätten und nie zur See gefahren wären, im Gegenteil. Aber mal so als Erste losschippern und gucken, was am Ende der Scheibe kommt, für die man die Erde hielt? Als neugierige Hasardeure wie die Wikinger, Vasco de Balboa, James Cook, Ernest Shackleton? Fehlanzeige. Gleiches gilt für die großen Bergsteiger und Gipfelstürmer wie Mallory, Hillary, Norgay, Messner, der nun mal Italiener ist. Denn Berge hätten wir in Deutschland auch im Angebot.

Der Grund, warum wir armen Deutschen schon im Kindesalter mit Fremdsprachen gequält werden, ist, dass unsere Vorfahren zu wenig Mumm, Entdeckergeist und Abenteuerlust hatten, die Welt zu bereisen. Das haben wir den Portugiesen, Spaniern, Holländern, Franzosen, Belgiern und Engländern überlassen. Die haben die ganze Welt kolonialisiert und ihr ihre Sprachen aufs Auge gedrückt. Und als wir damit anfingen, gab es nur noch einen Wüstenstreifen namens ›Deutsch-Südwest‹ (heute Namibia), das winzige Togo und die wenigen Krümel des afrikanischen Kuchens, die König Leopold von Belgien übriggelassen und so brutal ausgebeutet hatte, dass er sie gern an uns verkaufte. Nur die Italiener waren ähnlich eroberungsscheu, aber die waren noch müde von ihrem Römischen Reich und widmeten sich lieber der Frage, in wie vielen verschiedenen Formen man Nudeln servieren könnte. Mit denen eroberten sie allerdings später auf ihre Art die Welt, und das war weniger blutrünstig als unter Conquistadores, Great Empire oder La Grande Nation. Man könnte jetzt aus deutscher Sicht noch den Anschluss Österreichs ans Tausendjährige Reich im Jahr 1939 erwähnen, aber diese ›Expedition‹ erforderte wenig Mut und Entdeckergeist, erstens, weil man zu Fuß hinlaufen konnte, und zweitens, weil unsere Nachbarn ihrem Landsmann aus Braunau beim Einmarsch so begeistert ihren rechten Arm entgegenstreckten und ihm aus vollen Hälsen Heilung wünschten.

Woher kommt unsere Ängstlichkeit? Warum hat es die ›German Angst‹ bis in den anglo-amerikanischen Wortschatz geschafft? Und woher rührt die latente Angst der Deutschen, dass sich alles zum Schlechten wendet? Wir sehen nicht nur grundsätzlich das halbleere Glas, sondern haben prophylaktisch schon mal Schiss vor dem eventuell und in ferner Zukunft drohenden Verdunsten, anstatt das Glas lustvoll leer zu saufen und es umgehend wieder aufzufüllen ... Warum?

Es hat bestimmt mit der Kirche des Mittelalters zu tun, die die Angst vor Hölle und Fegefeuer frei erfunden und clever ausgenutzt hat, um ihre frommen Schäfchen gnadenlos zu manipulieren und anschließend per Ablass abzuzocken, bis die Gläubigen arm und die Kirche steinreich war. Und was damals die Kirchen waren, sind jetzt die Versicherungskonzerne: In keinem Land der Welt werden so viele Policen verkauft wie in Deutschland. Wir leiden unter einer wahren Versicherungswut. Da gibt es z.B. die Schlechtwetterversicherung. Nicht nur für Gastronomen, die ein verregneter Sommer in die Pleite treiben kann, sondern auch für Touristen: Sollte es im sonnigen Spanien oder auf Sylt regnen, gibt es Geld zurück. Oder die Pokémon-Versicherung: Im Sommer 2016 rannten alle mit gesenktem Blick hinter kleinen virtuellen Monstern hinterher. Übersehen sie dabei eine rote Ampel und werden vom Auto überfahren, gibt's 10.000 Euro.[3] Eine weitere Versicherung, die man unbedingt haben sollte, ist die Hochzeitsrücktrittsversicherung: nicht etwa für den Fall, dass Braut oder Bräutigam vor der Hochzeit abspringen wie seinerzeit Julia Roberts, sondern falls z.B. die garstige Schwiegermutter plötzlich erkrankt und das teure Liebesfest abgeblasen werden muss. Auch dringend zu empfehlen, v.a. für Reisende, die wie Sascha Hehn mal ›Traumschiff‹ spielen wollen: die Versicherung gegen Reiseübelkeit. Oder, last not least, die Sterbegeldversicherung! Sterben ist ein ernstzunehmendes Risiko. Diese Sterbegeldversicherung zahlt bei Tod des Versicherten ein ›Sterbegeld‹ an die Angehörigen. Mit diesem können sie die Bestattung nach den Wünschen des Verstorbenen ausrichten, ohne hohen finanziellen Belastungen ausgesetzt zu werden.

Genau wie man mit Angst erfolgreich Politik machen kann (siehe AfD), so kann man mit ihr noch viel besser Geld verdienen. Milliardenschwere Konzerne wie Ergo und ihre Drücker-Kolonnen verjubeln unsere Versicherungsprämien nicht nur lustvoll in Budapester »Luxus-Thermen« (=Puffs), sondern kennen die deutsche Seele sehr genau:

76 Prozent der Deutschen gaben im ZDF-Politbarometer vom Dezember 2015[4] an, dass 2015 für sie persönlich ein gutes Jahr war. 64 Prozent gingen davon aus, dass sich für sie 2016 nichts ändern wird, 27 Prozent rechneten damit, dass es 2016 für sie sogar noch besser laufen wird. Nur 7 Prozent erwarteten, dass das nächste Jahr für sie schlechter werden würde.

Fast gleichzeitig, im November 2015, sagten trotzdem 55 Prozent der Deutschen von sich: »Ich blicke angstvoll in die Zukunft.«[5] Vier von fünf (79 Prozent) glaubten, dass die wirtschaftlichen Probleme in Deutschland zunehmen würden.

Diese kuriose Differenz zwischen »Eigentlich geht's mir super!« und »Oje, alles geht den Bach runter!« scheint der Nährboden für die typische ›German Angst‹ zu sein. Und solange Politik und Medien dauernd von Krisen reden (Rentenkrise! Bankenkrise! Gesundheitskrise! Bildungskrise! Flüchtlingskrise!), von ›Wohlstandswahrung‹, ›Armutseinwanderung‹ und ›Wirtschaftsflüchtlingen‹, und so tun, als würden uns diese Einwanderer Jobs klauen und arm machen, wird die Angst vor dem endgültigen Niedergang ihre giftigen Blüten treiben. ›Angst ist ein schlechter Berater‹, heißt es. (Das sehen die Versicherer natürlich anders.) ›Angst ist das Tor zur Freiheit‹, habe ich vor Jahren einmal als Graffiti in einer Wiener U-Bahnstation gelesen. Gehört seitdem zu meinen Lieblingssprüchen und ist durchaus geeignet als Lebens-Motto. Auch hier würden die Versicherer vehement widersprechen. Sie arbeiten nach dem Motto: ›Angst ist ein *guter* Ratgeber! Sie ist ein natürliches Gefühl und steigert unsere Sicherheit und Wachsamkeit‹.

**»Das Einzige, was wir zu fürchten haben,
ist die Furcht selbst.« (Montaigne)**

Angst ist überlebenswichtig, das beweist die Evolution. ›Fluchttiere‹ wie Hasen oder Rehe wären längst ausgestorben, wenn sie keine Angst hätten. Ohne die menschliche Höhenangst würden wir versuchen, zu fliegen wie Vögel, und wie Affen in Bäumen herumklettern – und umgehend abstürzen. Wir Menschen haben den Luxus, zwischen rationaler und irrationaler Angst unterscheiden zu können. Wir können Risiken analysieren und abschätzen. Jahrtausendelang war Angst vor der Zukunft eine Frage des Überlebens: Wer im Herbst nicht genug Vorräte gesammelt hatte, konnte den Winter nicht überleben. Heute ist diese Form der Angst hierzulande nicht nur überflüssig, sondern kontraproduktiv. Wir kaufen mehr, als wir brauchen, horten, werfen weg, kaufen neu und müllen uns und den Planeten zu, bis sowohl Mutter Erde als auch ihre Kinder den Total-Burnout erleiden.

Es gibt zwei Arten von Angst. Die eine ist die Antwort des Körpers auf eine akute Bedrohung, Psychologen nennen das ›Furcht‹, weil sie so konkret ist. Diese Angst überfällt dich, ob du willst oder nicht. Das Herz rutscht in die Hose, die Knie werden weich, kalter Schweiß, Zittern, der sprichwörtliche Hosenschiss – alles Symptome stark erhöhten Adrenalin-Ausstoßes. Aber wie oft gerät man in einem hochentwickelten Land wie Deutschland in eine solche Situation? Im internationalen Vergleich gehören wir zu den sichersten Ländern der Welt, sowohl was Naturkatastrophen als auch persönliche Sicherheit betrifft.

Aber dann gibt es da noch die latente Angst, die durch reines Kopfkino entsteht. Die der menschlichen ›Angsthasen‹ und ›Schisser‹, wie sie oft selbst von sich sagen, und diese Angst ist antrainiert. Durch Eltern, soziales Umfeld, Medien. Das ist die unerklärliche Angst davor, was die Nachbarn und Arbeitskollegen denken oder gar sagen könnten, die Angst aufzufallen, nicht ›konform‹ zu sein. »Was denken denn dann die anderen?«, hört, sagt und denkt man hierzulande erschreckend oft. Querdenken? Fehlanzeige. Ist nicht beliebt, weil nicht gewünscht, weder in der Schule noch später im Beruf. Das Wort ›quer‹ ist in der deutschen Sprache immer negativ behaftet: Querelen, Querschießen, in die Quere kommen, verquer, sich querstellen. Vieles davon hat vermutlich mit unserer Militärgeschichte zu tun, insbesondere der preußischen.

Soldaten stehen und marschieren nun mal in Reih' und Glied.

Querdenken ist hierzulande eine solche Rarität, dass es eine eigene Stiftung gibt, die alljährlich den ›Querdenker-Award‹ an die einfallsreichsten und kreativsten Köpfe des Landes verleiht.

Auf Englisch heißt Querdenken interessanterweise ›to think outside of the box‹. Das erklärt vielleicht die Unterschiede zwischen deutschem und angelsächsischem Herdentrieb. Normales Denken wird dort in einer Schachtel (›Box‹) verortet, und es ist ein Gewinn, ein Aufbruch, ein Weiterkommen, diese Schachtel gedanklich zu verlassen, weiter zu denken als andere. Und wer außerhalb der Schachtel denkt, ist auch sonst ein bisschen anders unterwegs, er tut sich leichter, außerhalb der Herde zu laufen. Das sieht man jenseits des Kanals und Atlantiks auf den ersten Blick. Wie oft begegnet man in England, USA, Kanada und Australien Menschen und denkt: »Echt jetzt? In den Klamotten? Mit dem Hut? Dem Auto? Mit der Frisur? In Sakko, Hemd und Krawatte, aber mit kurzen Hosen?« Oder: »200 Kilo Lebendgewicht, und in diesen Leggings?«

»Who cares?«, sagt der Angelsachse. Und wer ›who cares‹ denkt, lässt sich von Sätzen wie »Das macht man nicht«, »Das kennen wir nicht«, »Das haben wir noch nie so gemacht«, »Das haben wir aber immer so gemacht«, »Das geht nicht«, »Da glaube ich nicht dran«, »Das gehört sich nicht«, »So kann man doch nicht rumlaufen« etc. nicht abschrecken. Der gründet stattdessen Microsoft oder Greenpeace oder Apple oder Peace Corps oder Google oder Amazon oder Facebook oder Uber oder Airbnb oder Netflix oder, oder, oder …

Solange wir uns aber dazu erziehen, alle schön brav und parallel in eine Richtung zu laufen, wird die Herde Querdenker nicht feiern, sondern als Störfaktor behandeln, der unsere schöne Ordnung durcheinanderbringt. Deshalb wimmelt es in unserer hippen Hauptstadt Berlin von Start-Ups, von denen wir nie etwas hören werden. Nicht, dass wir keine hellen Köpfe mit Ideen hätten. Aber wir haben zu viele, die gebetsmühlenartig o.g. Sätze runterleiern: »Das wird nix, wenn das funktionieren würde, gäbe es das längst, da glaub ich nicht dran« etc. und blablabla ... Und wer das oft genug um die Ohren bekommt, wird erst mal unsicher, dann deprimiert, nebenher geht ihm die Kohle aus und am Ende reiht er sich ängstlich in die Herde ein. Gleiches gilt für meine Branche. In den Regalen und Schubladen unserer Autoren, Produktionsbüros und Redaktionen verstauben unzählige großartige Film-, Serien- und Doku-Projekte. Warum? Weil irgendein Angstschisser in irgendeiner Position gesagt hat: »Das wird nix. Das will doch keiner sehen. So was hat noch nie funktioniert. Das macht keine Quote. Das ist zu teuer. Das gibt's doch bestimmt schon« etc. und blablabla ...

Angst essen Seele auf ...[6]

Wovor haben wir Deutschen am meisten Angst?[7] 2015 waren es mit 53 Prozent noch Naturkatastrophen. Das muss an den schlechten Katastrophen-Filmen liegen, die deutsche Sender (unter meiner gelegentlichen, begeisterten Mitwirkung) immer wieder produziert haben. Und es klingt ziemlich verrückt in einem Land, in dem es weder nennenswerte Erdbeben noch Vulkanausbrüche gibt. Auch Stürme sind bei uns im Vergleich zu anderen Gegenden der Welt eher harmlos. ›Lothar‹ 1999 und ›Kyrill‹ 2007 waren Katastrophen, aber eine steife Brise im Vergleich zu den Monsterstürmen in anderen Gegenden der Welt wie Bangladesch, Haiti und Karibik, oder wie ›Wilma‹, ›Katrina‹ und ›Sandy‹ in den USA. Auch wenn die Zahl von Stürmen und Überschwemmungen durch den Klimawandel rasant zunimmt, sind wir weit entfernt von den wirklich verheerenden Hurrikans, Tornados und Tsunamis der Welt.

Kurioserweise droht eine viel größere Gefahr aus einer ganz anderen Ecke. Die Unwetter, die in Deutschland mit Abstand die meisten Opfer fordern, sind – Hitzewellen. Das Hoch ›Michaela‹ Anfang August 2003 war das tödlichste Wetterereignis in Europa seit Beginn der Wetteraufzeichnungen. Allein in Deutschland forderte es offiziell 9.355 Tote, wahrscheinlich war es aber ein Vielfaches dieser Zahl. Aber laut Umfragen und Statistiken hat niemand Angst vor Hitze. Genauso wenig wie vor der Erderwärmung, auf die sich viele von uns sogar freuen, weil es dann endlich ein bisschen wärmer wird in Deutschland. Und weil wir dann endlich auch an der Ostsee Wein anbauen können, wie ein großes Nachrichten-Magazin einmal schrieb in einem Artikel mit dem schönen Titel ›Prima Klima – warum der Klimawandel gut für uns ist‹.

Die meisten unserer Ängste sind eben irrational. Und obwohl es Deutschland laut Statistik so gut geht wie noch nie (oder vielleicht genau deshalb?), werden wir sogar noch ängstlicher. Ein Jahr und einige Studien später, 2016, liegt die Angst vor Naturkatastrophen immer noch bei 52 Prozent. Aber nun ist sie nicht mehr auf Rang 1, sondern auf dem 12. Platz! Elf andere Ängste sind vorbeigezogen. An der Spitze verständlicherweise die Angst vor Terrorismus (73 Prozent), vor politischem Extremismus (68 Prozent), vor Spannungen durch den Zuzug von Ausländern (67 Prozent).

Wir sollten uns öfters mal »Nur Mut!« zurufen. Oder uns morgens vor dem Spiegel »Trau Dich!« zunuscheln. ›Wer wagt, gewinnt‹ ist eine olle Kamelle unseres Sprichwort-Schatzes. Warum sagt das keiner mehr? Ängste reduzieren nicht nur unsere Lebensqualität und schaden unserer Gesundheit und Laune, sondern sind leider auch ein hochgradig ansteckendes Herden-Phänomen.

Don't panic!

Dirk Helbing, Panikforscher an der TU Dresden, stellte fest, dass Menschen meistens gar nicht auf eine unmittelbar bestehende Gefahr reagieren, sondern nur das Verhalten der Menschen neben ihnen kopieren.[8] Auf diese Weise breitet sich Angst in Blitzgeschwindigkeit aus. Helbing: »Oft sterben durch die Panikreaktionen mehr Menschen als durch die eigentliche Gefahrenquelle.«

2005 strömten wie jedes Jahr eine Million schiitische Pilger nach Bagdad, um an einem heiligen Schrein zu beten. Tausende von ihnen überquerten gerade dichtgedrängt den Tigris, als das Gerücht aufkam, dass auf der Brücke ein Selbstmordattentäter sei. In der daraufhin ausbrechenden Massenpanik wurden Menschen zerquetscht, andere sprangen in den Fluss und ertranken. Fast tausend Menschen kamen um. Aber einen Selbstmordattentäter hatte es gar nicht gegeben.

Die Angst vor Terror ist schädlicher als der Terror selbst. Für diesen Effekt müssen Menschen nicht einmal in großen Gruppen unterwegs sein. Sie springt auch über weite Entfernungen über. Nach dem 11. September 2001 hatten viele Menschen in den USA Angst zu fliegen. Im Oktober, November und Dezember 2001 flogen 20, 17 bzw. 12 Prozent weniger Passagiere als in den gleichen Monaten des Vorjahrs. Viele stiegen aufs Auto um.[9] Die Folge: Ein Jahr lang lag die Zahl der Verkehrstoten weit über dem Durchschnitt. In diesen zwölf Monaten gab es knapp 1.600 mehr Tote auf den US-amerikanischen Straßen, als statistisch zu erwarten gewesen wäre.

Auch wenn es nicht immer Tote gibt, sobald Angst uns kopflos macht, ist die Wirkung enorm. In dem Bundesland mit der geringsten Bevölkerungsdichte und den wenigsten Flüchtlingen wählen 20,8 Prozent aus Angst vor Flüchtlingen die AfD (Landtagswahl Mecklenburg-Vorpommern

2016). Auf der Insel Usedom, die vom ›Fremdenverkehr‹ lebt, haben AfD und NPD zusammengenommen 52,4 Prozent erreicht. (Wenigstens weiß ich jetzt, wohin ich nie in den Urlaub fahren werde.) Die meisten Leute, die Angst vor Flüchtlingen haben und sich über sie beschweren, haben nie einen gesehen. Außer im Fernsehen natürlich, womit wir wieder bei den Medien wären.

Die Angst der Medien – die Angst durch Medien

Ängste wurden schon immer gezielt eingesetzt, um Interessen durchzusetzen. Das hatte Joseph Goebbels als Erster kapiert. Sein System, Massenmedien zu Propaganda-Zwecken zu nutzen, wird seitdem weltweit erfolgreich kopiert. Wie zum Beispiel von George W. Bush und seinen Hintermännern, die Massenvernichtungswaffen im Irak erfanden und lauthals in den Medien präsentierten, um endlich in den Krieg ziehen zu können, den sie auf Teufel komm raus wollten. Die katastrophalen Folgen reichen bis heute; selbst Obama gelang es nicht, sie in den Griff zu kriegen.

Medien spielen eine Hauptrolle, wenn es um die Verbreitung von Angst geht. Mit dem Schüren von Angst werden Auflage, Quote und Klicks gemacht und Milliarden verdient. Eine Schreckensnachricht jagt die andere. Je mehr Tote es bei einem Unglück gibt, desto höher ist der Umsatz. Panikmache löst nicht nur einen pervers angenehmen Grusel beim Leser bzw. Zuschauer aus, sondern macht ihn unfähig, sachlich zu denken. Kein Wunder, wenn viele Menschen glauben, dass die Flüchtlinge unser Land an den Rand des Zusammenbruchs bringen. Es wird ja immer dann am intensivsten berichtet, wenn es Übergriffe wie auf der Kölner Domplatte, Randale zwischen Einheimischen und Flüchtlingen in Bautzen gibt, ein Asylbewerber in Freiburg eine junge Frau vergewaltigt und ermordet. Die alltäglichen Sexual-Verbrechen, die deutsche Männer begehen, sind nicht erwähnenswert.

Natürlich werden auch immer mal wieder Erfolge kolportiert, aber selten an prominenter Stelle, sondern im Vermischten unter ›ferner liefen‹. Ich habe noch nie eine Schlagzeile gelesen: ›Achtjähriger Syrer spricht nach einem Jahr fließend Deutsch!‹. Oder: ›Omas bekochen ganzes Asylbewerber-Heim!‹. Oder: ›Eltern sanieren in Eigenleistung Schul-Toiletten!‹. Alle drei Nachrichten habe ich zufällig mitbekommen, aber darüber zu lesen bekomme ich nichts.

Quoten-Terror und Auflagen-Druck

TV- und Blattmacher gehen eine fatale Allianz mit den Ängsten der Menschen ein. Ihre Argumentation: »Naja, Menschen sind nun mal so, sie wollen eben lieber Horror-Schlagzeilen als gute Nachrichten. Was soll ein Sender oder Zeitungsverlag machen, der überleben will?« Aber jeder von uns hat Bekannte, denen die negative Berichterstattung derartig auf die Nerven geht, dass sie gar keine Medien mehr konsumieren. Sie ertragen verständlicherweise das Dauer-Bombardement mit Weltuntergangsmeldungen nicht. Das schlägt sich längst in sinkenden TV-Quoten und Auflagenzahlen nieder, und das Gejammer ist groß. Trotzdem titelt eine Münchner Tageszeitung im September 2016, knapp vier Monate vor dem tragischen Anschlag auf den Berliner Weihnachtsmarkt, in Riesenbuchstaben: ›Unsere Ängste‹, Untertitel: ›Altersarmut – Zuwanderung – Terror‹. Das wirkt auf mich wie eine ›self-fulfilling prophecy‹.

Zunehmend bedenklich finde ich auch die Besetzung der Gäste in den Talkshows der öffentlich-rechtlichen Sender. Die Häufigkeit, mit der dort Rechtspopulisten eingeladen werden und dann stundenlang ihre Weltsicht propagieren dürfen, ist nur noch mit der verzweifelten Jagd nach Quoten zu erklären. Da Talkshows zu produzieren sehr viel billiger ist als Filme und Serien, gibt es in Deutschland so viele Quasselshows, dass den armen Redakteuren schon vor Jahren die Gäste ausgegangen sind. So oft wie Frauke Petry, Beatrix von Storch, Alexander Gauland, Markus Söder, Thilo Sarrazin und Co. in den Sesseln der ARD- und ZDF-Studios Platz nehmen dürfen, hat das nichts mehr mit einem Mangel an potentiellen Gästen zu tun. Dort dürfen sie dann ungestört ihre wahlweise braunen, tiefschwarzen, immer Ausländer- und Islam-feindlichen Sprechblasen absondern und ihre Krisen- und Weltuntergangsszenarien unters Volk bringen. Und Sarrazin, der Fachmann fürs ›Juden- und Basken-Gen‹ und für muslimischen Inzest, darf kräftig Werbung machen für seine meines Erachtens unsäglich langweiligen Bücher, die so humorige Titel tragen wie ›Deutschland schafft sich ab‹ oder ›Der neue Tugend-Terror‹.

Warum zum Beispiel sitzt da nicht öfter mal der ›Lady Kracher‹ Anke Engelke herum? Und zwar nicht, um ihr fabelhaftes Comedy-Talent zu demonstrieren oder eine neue Show zu promoten, sondern als offizielle Botschafterin und Aktivistin der Stiftung *action medeor,* die Länder in Afrika, Lateinamerika und Asien mit dringend benötigten Medikamenten versorgt? Bei ›Wer wird Millionär?‹ durfte Anke auf ihr großartiges Engagement aufmerksam machen und gewann 1,75 Millionen Euro für *action medeor.* Die Stiftung kennt trotzdem kein Schwein. Seit über 50 Jahren ist *action medeor* aktiv, bei Google gibt es unter diesem Eintrag 89.800 Suchergebnisse. Mal kurz zum Vergleich: Nur zwei Tage, nachdem in Kolumbien ein Flugzeug mit einer Fußballmannschaft abgestürzt war, gab es unter der Suchanfrage ›Flugzeugabsturz Kolumbien 2016‹ bereits 493.000 Einträge.

Und warum sehe ich, wenn ich nach einem Drehtag in mein Hotelzimmer komme und die Glotze einschalte, nicht mal Rea Garvey, anstatt schon wieder die Retterin des »Völkischen« Frauke Petry? Rea ist Gründer des Projektes *ClearWater*. Im Amazonas-Gebiet von Ecuador sind 4000 Quadratkilometer Land wegen »nicht regelkonformer« Ölbohrungen verseucht. Dort leben tausende Angehörige einheimischer Stämme, deren Luft, Böden, Wasser komplett vergiftet sind, v.a. mit Metallen wie Blei, Cadmium, Quecksilber. Rea begibt sich höchstpersönlich immer wieder in einem kleinen Boot auf die gefährliche und abenteuerliche Reise den Fluss hinauf, im Gepäck so viele Wasseraufbereitungsanlagen, wie er mit seiner Crew transportieren kann. Sein Ziel ist es, den Indianern Zugang zu sauberem Wasser zu verschaffen. Wie die meisten Iren, die ich kenne, ist Rea nicht nur trinkfest, sondern auch ›tough as nails‹, den haut so schnell nichts um. Aber wenn er mir erzählt, wie hart und anstrengend diese Touren sind, dann will das was heißen. Trotzdem macht er sie regelmäßig, nimmt sich die Zeit, bezahlt alles aus eigener Tasche. Warum ist das bitte nicht in den Medien?

Menschen, die keine Angst haben und Probleme anpacken statt über sie zu reden, sind offenbar uninteressant. Katastrophen und die Angst vor ihnen sind aufregend und geil. Anders ausgedrückt: Mit ihnen lässt sich mehr Geld verdienen als mit »Gutmenschen«, selbst wenn sie wie Anke und Rea Dschungelcamp-tauglich durch den afrikanischen oder südamerikanischen Urwald toben.

»Furcht ist nichts anderes, als dass man nicht wagt, sich von seinem Verstand helfen zu lassen.«[10]

Es wäre schön, wenn es gegen Furcht Pillen gäbe. Die Pharma-Industrie bietet viel an, aber das ist Kratzen am Symptom, keine Ursachenbekämpfung. Wenn jemand wüsste, was uns angstfrei macht, würden wir alle rumrennen wie Odysseus und andere mutige Helden. Ein Gegengift gegen Angst scheint Neugier zu sein, die stärker ist als der Herdentrieb. Ein zweites ein Ziel zu haben, das einem wichtiger ist als Herde und Hindernisse.

Ein Beispiel: Mein Doku-Partner und Kameramann Markus Strobel ist gebaut wie ein mittlerer oberbayrischer Baum, ohne je eine Muckibude besucht zu haben. Dafür schleppt er seit 30 Jahren sein Kamera-Equipment rund um den Globus. Und weil er 20 Jahre lang ›Vox-Tours‹ gedreht hat, gibt es keinen Flecken mehr auf diesem Planeten, an dem Markus nicht schon mal sein Stativ aufgebaut hätte. Seine Unterarme haben den Umfang meiner Oberschenkel, seine Waden sehen aus wie Luftballons. Als wir in Ruanda eine Doku über die Arbeit der ›Christoffel Blinden-Mission‹ drehten, rannten uns einmal tuschelnde und kichernde Kinder solange hinterher, bis Markus irgendwann stehenblieb um die Kamera aufzubauen. Die Kinder schlichen sich von hinten heran, pieksten mit ihren Zeigefingern in Markus Waden und rannten schreiend davon. Die Kids konnten nicht fassen, dass es nicht ›Peng!‹ macht, wenn man hineinpiekst. Markus hat mit Politik, Umwelt- und Tierschutz wenig am Hut. Er besitzt den ›Münchner Volkswagen‹ (Range Rover), einen Rassehund mit Stammbaum und auf seinem Esstisch baumelt gern auch mal an einem geschwungenen Holzständer mit Haken ein 10-Kilo-Serrano-Schinken, mit Huf wohlbemerkt. Auch sonst sind wir ausgesprochen unterschiedlich, als Team aber kaum schlagbar, weil wir erstens unglaublich viel zusammen lachen, und zweitens: »Mir scheiß'n uns nix«, wie Markus es formuliert. Auf dem größten illegalen Tiermarkt der Welt in Jakarta wurden kürzlich drei Tierschutz-Aktivisten umgebracht. »Egal, dös dreh 'mer jetzt.« Costa-ricanische Fischer verprügeln jede Filmcrew und Organisation, die was gegen Haiflossen-Mafia

und illegalen Fischfang machen wollen. »Wurscht, die Leut'
hier sin' doch eh so klein.« Markus hat seine Kamera in
Puntarenas erst von der Schulter genommen und ist los-
gerannt, als wütende Fischer ihm mit der Faust so auf das
Objektiv hauten, dass ich dachte, es reißt ihm den Kopf
ab. Wenn Markus sich in diesen Kopf gesetzt hat, gewisse
Bilder zu kriegen, dann holt er sie sich, egal was passiert.

In der Serengeti wird es mittags so heiß, dass jeder Af-
rikaner und intelligente Mensch sich in den Schatten oder
unter einen Laster verkriecht und ein Nickerchen macht.
Selbst die Elefanten stellen sich unter große Bäume in den
Schatten und schlafen, bis es nachmittags etwas abkühlt.
Nicht so Markus Strobel: Der drehte von Sonnenaufgang
um 6 Uhr bis Sonnenuntergang um 19.30 Uhr, ohne Pause,
bei 40 Grad, ohne etwas zu essen oder zu trinken, bis alle
Kamera-Chipkarten voll waren. Warum: Er wollte eine
Elefantenherde einen ganzen Tag lang begleiten und alles
filmen, was sie den lieben langen heißen Tag so treiben.
Und als selbst die Elefanten ihre Siesta machten, nutzte er
dies aus und drehte Großaufnahmen von Augen, Rüsseln,
stillenden Kühen, trinkenden Kälbern etc. A man with a
mission, egal, ob Löwen in der Nähe waren oder der Hitz-
schlag drohte.

Ein einziges Mal wurde Markus' Mangel an Ängstlichkeit zum Problem. David, ein Fahrer aus Goma, der Stadt
im Ost-Kongo, die von den dort stationierten UN-Soldaten
liebevoll ›Das Arschloch der Welt‹ genannt wurde, hatte
uns abgeholt und in den Virunga Nationalpark gefahren,
wo angeblich eine der letzten größeren Populationen von
Berggorillas lebte. Leider tobte in Virunga aber auch der
Bürgerkrieg, vornehmlich um illegale Coltan-Minen und
Holzkohle-Produktion. Aber eigentlich wusste keiner mehr
so genau, warum hier wer gegen wen kämpfte. »Der dienst-
liche oder geschäftliche Aufenthalt in diesem Gebiet muss

durch ein tragfähiges Sicherheitskonzept abgesichert sein«, schrieb uns das Auswärtige Amt während der Vorbereitung. Unser Sicherheitskonzept hieß David.

Man konnte nur bei Tag in den gigantischen Park rein und wieder raus, mit Sondergenehmigung, die Fahrt dauerte jeweils vier Stunden und glich einem Rodeo-Ritt. Es gab, wie gesagt, keine Straßen mehr, nur noch Schlaglöcher. Bei Nacht zu fahren war ein ziemlich sicheres Todesurteil, wir hatten also wenig Zeit. David war 27, unglaublich smart, sprach drei afrikanische Sprachen, daneben Englisch, Französisch, Spanisch und Mandarin: Er fuhr in seinem 30 Jahre alten Nissan Patrol regelmäßig internationale TV-Crews und Geschäftsleute durch das Kriegsgebiet oder zu den Minen und wollte auch von uns sofort Deutsch lernen. Er lachte den ganzen Tag und demonstrierte uns, ohne es zu wollen, dass es eine Entscheidung ist, ob man vergnügt und glücklich ist oder nicht. Und über welche Lappalien wir uns in Deutschland den Kopf zerbrechen. David hatte nichts: Er wohnte in einer Bruchbude ohne fließend Wasser, aber mit Strom, wie er uns stolz zeigte. Er selbst ist Hutu, seine Freundin Tutsi, deren Familie großenteils beim Genozid in Ruanda umgekommen war. Schon zu dieser Beziehung gehörte Mut. Der Nissan gehörte irgendeinem Onkel, aber David hatte einen Schul-Abschluss und seinen Führerschein, und all das reichte, um aus David einen unerschütterlichen Optimisten zu machen, der uns den ganzen Tag lang von seinen Plänen und von der großartigen Zukunft seines Landes erzählte. Unfassbar!

Gegen Mittag fanden wir mitten im theoretisch streng geschützten, zum Niemandsland verkommenen Nationalpark eine große, illegale Holzkohle-Fabrik. Wir sahen uns um – weit und breit war kein Mensch zu sehen. Wir stiegen vorsichtig aus, holten das Equipment aus dem Kofferraum und bauten schnell auf. Immer noch niemand in Sicht. Der große, mit Lehm dünn bedeckte Hügel von kokelnden, illegal geschlagenen Baumstämmen qualmte vor sich hin. Ich stellte mich davor, Markus schaltete die Kamera ein und ich begann meine Moderation über den Raubbau an Tropenholz. David stand daneben und guckte neugierig zu. Und sagte plötzlich: »Get in the car! Now!« Markus: »Why, there's nobody here …« David: »I said: Get in the car!« Markus machte keine Anstalten einzupacken, es war ja tatsächlich niemand zu sehen. Ich wurde unsicher: David wirkte nicht, als würde er Späßchen machen oder unnötig Panik verbreiten. Wieder schrie er uns an, ich ging zu Markus und nahm den Objektivkoffer. »Lass uns abhauen, David wird wissen, was er tut.« Markus wurde sauer. »So a Riesending, mit niemand, der aufpasst, find' mer nie wieder!« David saß schon am Steuer und schrie uns an. »We're leaving. Now!« Ich packte die Kamera und rannte zum Auto. Markus stand immer noch vor seiner qualmenden Holzkohle, fluchte vor sich hin und wollte partout weiterdrehen. David bretterte los, hielt neben Markus, stieß die Beifahrertür auf und endlich stieg der bayrische Sturkopf ein. Mit Vollgas holperte David nun in Richtung Straße zurück. Wir sahen uns um: immer noch nichts als der rauchende Hügel. »Why did we have to leave?«, fragte ich. David sah nur in den Rückspiegel. Ich folgte seinem Blick. Wir waren etwa 500 Meter gefahren, als irgendetwas beachtlich Großes in der Nähe der Holzkohle-Fabrik explodierte, mit Dreck-Fontäne, genau wie im Kriegsfilm. David bog jetzt völlig entspannt auf die holprige Straße zurück und fuhr in Richtung Park-Ausgang. »How did you know?«, fragte ich, »there was nobody there!« David zuckte mit den Achseln und lachte. »I just knew.« War halt sein Job, seine Kunden sicher heimzubringen.

Ich kenne wenige Menschen, die sich so ungern etwas sagen lassen wie Markus. Er braucht kein Leittier und hat sein Leben lang sein eigenes Ding gemacht. Er war nie auf einer Filmschule, ist als Kameramann Autodidakt und wurde für unsere Dokus mehrfach für seine Kamera-Arbeit ausgezeichnet, auch international. Und schmeißt nebenbei eine erfolgreiche Produktionsfirma. Trotzdem war es gut, dass er David im Virunga-Nationalpark irgendwann gehorcht hat.

Und zu David: Ich hasse das Klischee des fröhlich lachenden Dritte-Welt-Bewohners, der nichts besitzt, bestenfalls gerade mal genug zu essen hat, für einen Hungerlohn schuften muss und regelmäßig in Lebensgefahr schwebt. Und trotzdem immer lacht! Dieses Klischee ist nur dazu da, um unser schlechtes Gewissen zu beruhigen. »Siehst Du, Geld macht nicht glücklich«, sagt man dann gern nach dem Yoga-Studio, den To-Go-Becher mit einem Soja-Latte in der Hand. »Und schau mal hier die Fotos aus Kenia. Das war in einem Dorf ganz in der Nähe der Lodge. Die hatten weder Strom noch Wasser. Aber guck mal, wie fröhlich die Kinder immer sind!« Wörtliches Zitat eines TV-Managers aus München, der kürzlich mit seiner Familie auf Safari war.

Was uns an David so faszinierte, war, dass er in einer konkreten, ständigen Gefahr lebte und jeden Grund hatte, Angst zu empfinden, seine Existenz als unsicher wahrzunehmen. Und tat das auch, wie wir feststellen durften. Trotzdem schaffte er es, das Leben, die Zukunft positiv zu sehen. Das hatte er für sich so entschieden. Und die beste Nachricht, ein weiterer Fall von ›self-fulfilling prophecy‹: David hat Recht behalten. Der Krieg im Ost-Kongo ist vorbei, das Leben in Goma normalisiert sich, und David geht es gut. Er ist weiterhin Fahrer, aber mit einem feinen Unterschied: Er hat jetzt einen Toyota Land Cruiser, und der gehört ihm. Damit ist er im Kongo ein gemachter Mann ...

Zwei Männer jenseits der Herde und quer zum Trott der Masse – solche Nonkonformisten braucht die Welt.

Ob Zigarettenwerbung, Autowerbung oder Klamotten-werbung – ein Großteil dessen, was uns Konsumenten angedreht werden soll, suggeriert, dass das jeweilige Produkt uns zu Individualisten und Nonkonformisten macht. Und dass dieser käufliche Individualismus glück-lich macht. Schön wär's. In München stehen derart viele Porsche 911er und Range Rover im Stau, dass ein Ford Fiesta einem geradezu ins Auge sticht. In den nahege-legenen Alpen rutschen so viele mittelmäßige Skifahrer in Bogner-Anzügen mit Pelzkragen die kahl-gerodeten, kunst-beschneiten Pisten herunter, dass ich nicht weiß, wie die Chinesen mit dem Schlachten der Füchse und Marderhunde hinterherkommen sollen. Gleiches gilt für Rolex-Uhren, Woolrich-Jacken, Boss-Anzüge, Apple-Pro-dukte, die anno dazumal die Marken für Individualisten waren (›Think Different!‹). Lange ist's her.

Das galt auch mal für Tattoos, mit der sich vor gut 30 Jahren ein paar mutige Großstadtjungs in den USA als wilde Kerle und Außenseiter kennzeichnen wollten. Vor-her war diese jahrtausendealte Erfindung der Maoris und anderer indigener Völker den Seeleuten, Knastbrüdern und Harley-Rockern vorbehalten. Aber schnell folgte in den 80ern die globale Herde den amerikanischen Hips-tern, überall schossen Tattoo-Studios aus dem Boden, bis in den Nuller-Jahren auch die überwältigende Mehrheit von Fußball-Profis, Supermarktverkäuferinnen, Jura- und BWL-Studenten und sogar unsere ehemalige First Lady aus dem wilden Niedersachsen es als mutiges, weil schmerzhaf-tes Alleinstellungsmerkmal für sich entdeckten. Zunächst noch schamhaft mit kleinen Delfinen, Möwen, Röslein,

Arschgeweihen, später mit flächendeckenden Gesamt-
kunstwerken, Tribals, Sleeve-Tats.

Bei manchen ging um den Bauchnabel herum die
Sonne auf, die mittlerweile dank Zahn der Zeit, Schwer-
kraft und Gewichtszunahme leicht verzerrt wieder unter-
geht. Wenn ich heute in den gelegentlichen Genuss komme,
eine Frau im Bikini oder mit noch weniger Textilie aus der
Nähe betrachten zu dürfen, staune ich Bauklötze, wenn sie
nirgendwo tätowiert ist. Plötzlich sind Nicht-Tätowierte
die Individualisten und Einzelgänger. Der Wunsch aufzufallen, besonders zu sein, aus der Herde herauszustechen,
scheint also ein echtes Bedürfnis zu sein, wird dann aber
so massenhaft praktiziert, dass man sofort wieder einer
Herde hinterhertrotte(l)t.

Das ist nichts Neues. Ich verbrachte den Sommer 1977
als Backpacker mit Interrail-Ticket und internationalem
Jugendherbergs-Ausweis mit einem Schulfreund in England und sah dort zufällig die ersten echten Punks. Und
war geschockt. Ich war damals nicht unbedingt der Proto-
typ des deutschen Musterschülers, gerade in der 11. Klasse
sitzengeblieben, und fand Kiffen, The Who, Led Zeppelin,
David Bowie, Pink Floyd, Genesis und alles, was die britische Popkultur hervorbrachte, weitaus spannender als das,
was ein humanistisches bayrisches Gymnasium im Angebot hatte. Aber jetzt waren nicht mehr lange Haare, Afg-
han-Mäntelchen, Patchouli und Art-Rock angesagt, sondern Rasierklingen, mit Sicherheitsnadeln durchstochene
Wangen, Hahnenkämme und zerfetzte Klamotten. Musik
bestand aus drei brutal geschrubbten Gitarren-Riffs und
wütendem Geschrei, und Kiffen war plötzlich Kinderkram.

Ein Jahr und einen neuerlichen Schulwechsel später
wurden in deutschen Mode-Läden für junge Leute mit Sicherheitsnadeln zusammengeklammerte Hosen und Shirts
mit Leoparden-Druck, Doc Martens und tonnenweise

Buttons, silberne Ketten und Totenkopf-Schmuck angeboten. Die echten Punks, soweit nicht im Alkohol- oder Drogen-Delirium, müssen sich gewundert und ziemlich oft »Fuckin' hell!« gesagt haben, wie schnell ihre Protestbewegung gegen Maggie Thatcher und deren asoziale Politik zum kommerziellen Modeschnickschnack aufgestiegen war. Und wie viele Nachahmer und Spießer plötzlich auf Punk machten, Sex-Pistols-LPs kauften und ›God-Shave-The Queen‹-Buttons trugen. Das war dann also die Punk-Herde. Es folgte die New-Wave-Herde, die Britpop- und Popper-Herde, die Rap- und Hip-Hop-Herde, die Techno- und House-Herde usw. usf. Und wer nicht der jeweils neuesten Herde hinterherrannte, blieb, ganz Ur-Herden-Tier, in seiner alten Herde und beschimpfte die neue als verkommene Modeopfer. Dabei wollten die doch nur aus ihrer alten ausbrechen und besonders sein.

Es ist Fakt, dass der Mensch als eine Spezies unter Millionen seine Herde braucht, und das ist nicht nur natürlich, in bester Ordnung und gut so, sondern kann auch richtig Spaß machen. Das gilt für alle gleichgesinnten Menschenmassen, die zu Heavy Metal-Festivals, an heißen Tagen ins Freibad oder an den Strand, zu Public Viewings, Demonstrationen oder zur Ansprache des Papstes in den Vatikan pilgern. (Es steht zu befürchten, dass sogar die Pegida-Horden bei ihren Aufmärschen Spaß haben, vor allem wenn sie anschließend noch ein Flüchtlingsheim anzünden können.) Trotzdem und gerade deshalb braucht es Individualisten, sonst gibt es weder Fortschritt noch Entwicklung noch Verbesserungen. Und weil sich (außer bei Björn Höcke und seiner AfD) herumgesprochen haben dürfte, dass die einzige Konstante im Leben und auf Erden die permanente Veränderung ist, brauchen wir Menschen, die zwar zu einer Herde gehören, aber über Veränderungen nachdenken und sie positiv beeinflussen. Sonst bewegt sich nichts. Bekannte Beispiele der Neuzeit sind Abraham Lincoln, Sigmund Freud, Louis Pasteur und Marie Curie, Mahatma Ghandi, Nelson Mandela, Desmond Tutu, Martin Luther King, Aung San Suu Kyi, Papst Franziskus, Malala Yousafzai etc. Zu denen aber später mehr.

Niemand unter ihnen wurde Nonkonformist oder Individualist, um berühmt zu werden. Sie haben einfach Fragen gestellt, die vor ihnen niemand gestellt hatte. Oder sich vernehmbar gegen Missstände artikuliert, die bis dato einfach hingenommen wurden. Und wie schwer, anstrengend und gefährlich das sein kann, beweist die sehr überschaubare Liste von Weltveränderern, die in unseren Geschichtsbüchern gelandet sind.

Es muss schon immer schwer gewesen sein, innerhalb einer Herde ein Individualist zu sein: Schon Thomas Jefferson (1743-1826), einer der amerikanischen Gründungsväter, sagte: »In Stilfragen schwimme mit dem Strom. Aber wenn es um Prinzipien geht, sei standhaft wie ein Fels.« Und genau da liegt unser großes Missverständnis: Wir glauben, Individualismus ließe sich mit Äußerlichkeiten demonstrieren. ›Mutige‹ Männer tragen knallbunte Socken oder Krawatten, Frauen verwegene Mode-Erfindungen, die selten bequem oder praktisch sind. Und noch seltener gut aussehen. Aber wenn es um radikale, wirklich neue Ideen, unkonventionelles Denken, das Eintreten für echte Werte geht, sind wir erschreckend schüchtern, feige, verklemmt. Da ist dann Feierabend mit Nonkonformismus und Eigensinn, die Herde ist wieder das Maß der Dinge.

»Große Geister haben stets heftige Gegnerschaft in den Mittelmäßigen gefunden«, sagte Einstein einmal. Jeder deutsche Politiker, der mal eine Radikal-Reform des Steuer- oder Bildungs-Systems vorgeschlagen oder gefordert hat, ist schnell von der Bildfläche verschwunden. Wenn Manuela Schwesig vorschlägt, Männern, die keinen Unterhalt bezahlen, den Führerschein zu entziehen (was ich für eine hervorragende Idee halte: Wer Geld hat für ein Auto, sollte auch für seine Kinder aufkommen können), geht ein empörter Aufschrei durchs Land, allen voran vom ADAC, von der Auto-Industrie und natürlich von den Männern. Wenn die Chefin des Umweltbundesamtes vorschlägt, klimaschädliche Lebensmittel mit hohem CO_2-Ausstoß nicht mehr zu subventionieren, sondern höher bzw. regulär zu besteuern, folgt der nächste Aufschrei. Von wem? Vom Agrar-Minister, von der Fleisch-Industrie und allen, die weiterhin dreimal täglich Billigfleisch futtern wollen, dessen Produktion weitaus schädlicher ist als der Auto- und Flugverkehr zusammengenommen.

Es ist frustrierend: Sobald sich jemand traut, aus der Masse auszuscheren und eine neue, gute Idee zu artikulieren, wird er sofort zurückgepfiffen und wieder eingenordet: Bitte nicht stören, die Herde will in Ruhe grasen. Und Neues stört immer, der Mensch ist ein Gewohnheitstier. Dabei passiert gerade das, was uns als Menschen ausmacht – Individualismus, Kreativität – immer erstmal *außerhalb* der Herde. Bahnbrechende Ideen hat der *Einzelne*, nicht die Herde. Ironischerweise sind es unsere Eigenschaften als *Individuen*, die die Gemeinschaft insgesamt voranbringen. Die großen Wissenschaftler, Ingenieure, Künstler, Weltveränderer sind Außenseiter, weil sie Dinge in Frage stellen. Weil sie die Herde beobachten und überlegen, ob sie gerade in die richtige Richtung trottet; was verbessert und geändert werden könnte. Das haben in Deutschland Kant gemacht, Lessing, Luther, Schiller, Marx, Engels, Bismarck, Luxemburg, Einstein, Gropius, Brandt und so viele bedeutende Landsleute mehr. Veränderer dieser Kaliber sind rar geworden bei uns. Zu oft werden sie ignoriert, verhöhnt, zur Schnecke gemacht, entmutigt. Was z.B. dazu geführt hat, dass seit der Gründung von SAP, einem der größten Software-Unternehmen der Welt, im Jahr 1972 (!) in Deutschland kein nennenswertes IT-Unternehmen mehr gegründet wurde. Wir haben seitdem die sog. zweite industrielle Revolution komplett verpennt und kampflos den Amerikanern überlassen. Und jammern jetzt laut und ausdauernd über deren Dominanz: Bill Gates, Paul Allen und Co. gründeten *Microsoft*, Steve Jobs und Steve Wozniak *Apple Mackintosh*, Larry Page und Sergey Brin *Google*, Jeff Bezos und D.E. Shaw *Amazon*, Mark Zuckerberg und drei Kommilitonen *Facebook*, Elon Musk *Paypal* und *Tesla* usw. usf. Warum? Weil in den USA, der unerträglich peinliche Trump hin oder her, Außenseiter, Individualisten, Querdenker, Nonkonformisten nicht übergangen oder gar kleingemacht, sondern ernstgenommen werden und willkommen sind.

In Deutschland ist das Gegenteil der Fall, in der Geschichte sogar oft mit tödlichem Ausgang, nicht nur bei den bereits erwähnten Geschwistern Scholl und anderen Widerständlern des Dritten Reichs. Rosa Luxemburg wurde 1919 wegen ihrer Ideen vom Pöbel erschlagen und in den Berliner Landwehrkanal geworfen. Und selbst ganz und gar unpolitischen Ideengebern und Lebensrettern ging es so.

Zum Beispiel Ignaz Semmelweis, der Mitte des 19. Jahrhunderts als Erster auf die Idee kam, sich vor und nach Entbindungen die Hände zu waschen. So begann er den Siegeszug gegen das damals weit verbreitete Kindbettfieber, an dem unzählige Frauen nach der Geburt ihrer Kinder starben. Doch seine Kollegen hielten nichts von seinen neuen Methoden. Die waren ja neu. Selbst seine nachweisbaren Erfolge ließen die Ärzte-Herde unbeeindruckt. Weil er keine Ruhe geben wollte, wurde er unter einem Vorwand in eine Irrenanstalt gelockt, wo er eingesperrt und misshandelt wurde und zwei Wochen später unter ungeklärten Umständen ums Leben kam.[11] Und wir wundern uns, dass die meisten medizinischen Innovationen, auch im alternativen Bereich, aus den USA, Israel, Indien und sonst wo kommen?

Bitte nicht aus der Rolle (oder auf)fallen!

Schon der Ausdruck ›aus der Rolle fallen‹ ist interessant. Das deutsche Herdentier spielt also eine Rolle, wenn es mittrottet, und zeigt erst im stillen Kämmerlein sein wahres Gesicht? Wir werden schon als Kleinkinder auf diese Anpasser-Rolle getrimmt. Aufs vermeintlich richtige Ver-Halten. Allein dass wir die Negativ-Vorsilbe ›Ver-‹ für Benehmen verwenden, ist verdächtig (Ver-Lust, ver-rückt, ver-lieren, ver-schwenden, ver-dammt etc). Wir krabbeln noch in vollgeschissenen Windeln rum, da wird uns schon eingetrichtert: »Pssst! Nicht so laut! Tob nicht rum! Keinen Mucks jetzt! Mach dich nicht dreckig! Das macht man nicht! Sitz jetzt still! Sonst ...!« Und eine weitere deutsche Leidenschaft, nämlich Verbotsschilder, tut ihr Übriges: Spielen verboten! Klettern verboten! Berühren verboten! Ich habe an einem wunderschönen, endlos langen Strand auf Föhr mal ein Schild fotografiert, auf dem tatsächlich stand: »Sandburgen bauen verboten!« Und wenig später: »Drachensteigen lassen verboten.«

Echt jetzt? Kinder sollen und müssen spielen und toben. Ausprobieren, entdecken, dreckig werden und auf die Fresse fallen. ›Lernen‹ nennt man das. Erfahrungen sammeln. Und Erfahrung ist nun mal die Summe aller Fehler, die man machen durfte, ohne sich (oder anderen) das Genick zu brechen. Dazu sollten wir nicht nur als kleine Hosenscheißer ermutigt werden, sondern auch bitte noch danach.

Dass man Kinder auch ›lassen‹ kann, habe ich in Italien einmal erlebt. Ich war zur Hochzeit eines Freundes aus Neapel eingeladen, sie fand in einer wunderschönen alten Kirche an der Amalfi-Küste statt. Es war eine feierliche Messe mit ca. 200 Gästen. Der Pfarrer hielt eine lange

Rede, vermutlich über den Bund der Ehe, mangels Italienisch-Kenntnissen verstand ich kein Wort. Stattdessen beobachtete ich die Hochzeitsgesellschaft, alle aufs Feinste herausgeputzt, andächtig zuhörend. Nur die kleinen Kinder tollten herum, und zwar bevorzugt unter dem Altar, der mit einem bodenlangen, goldbestickten, weißen Tuch behangen war. Die Bambini verschwanden darunter, tauchten auf der anderen Seite wieder auf, spielten Fangen und Verstecken und hatten ihren Spaß. Niemand pfiff sie zurück, der Pfarrer sah nicht mal zu ihnen hinunter: Kinder sitzen nun mal nicht gerne still, die spielen lieber, in Italien hat man das verstanden. Großartig, dachte ich mir, Glauben, Gottesdienst und Heiraten sollten ja auch was mit Freude und Glück zu tun haben. Als ein Junge anfing, an der Altardecke zu ziehen, unterbrach der Pfarrer seine Ansprache, hielt lächelnd die Decke fest, beugte sich zu ihm herunter und sagte irgendwas Freundliches zu ihm. Er ließ das Tuch dann in Ruhe und die Kinder spielten weiter.

Herdentiere brauchen Platz, Frei- und Spielraum. Im Tierreich rücken sie nur dann eng zusammen, wenn sie in Not sind oder Gefahr droht. Das machen Heringe so und Gnus und Pferde und Elefanten ... Ansonsten ist das immer ein eher lockerer Verbund. Das handhaben wir Menschen anders. Vor allem in Deutschland ist das Herdenverhalten besonders streng und eng gestrickt. Um es zu wiederholen: Die Herde ist ein lebenswichtiger gesellschaftlicher Konsens, ohne den uns alles um die Ohren fliegen würde. Zusammenleben ist nur mit Regeln und Gesetzen möglich. Im Straßenverkehr gilt: rechts vor links, nicht gegen die Einbahnstraße fahren, rechts fahren, links überholen etc. ... In anderen Ländern ist es genau andersherum. Geht auch. Hauptsache: feste Ordnung, an die sich alle Teilnehmer halten, sonst gibt es Tote und Totalschäden. Geisterfahrer sind der Albtraum eines jeden Verkehrsteilnehmers.

Fragwürdig wird es erst, wenn bei Regeln der gesunde Menschenverstand ausgeschaltet wird. Eines der populärsten Beispiele sind die Mega-Staus nach Ferienbeginn. Jeder weiß, dass sie – alljährlich grüßt das Murmeltier – stattfinden werden. Die Radiosender prognostizieren mittlerweile sogar schon Tage vorher Länge und Dauer! Und trotzdem setzen sich Millionen mit Kind und Kegel gleichzeitig ins Auto, fahren mitsamt Schlauchboot und Klapp-Grill los, stehen wenig später mit geöffneten Türen in der Sommerhitze auf der Autobahn und wundern sich über 40 km Blechlawine im Stillstand.

In einem Interview fragte der chinesische Künstler und Direktor der Akademie der Künste in Berlin Ai Weiwei kürzlich den Interviewer: Warum stehen deutsche Fußgänger auch nachts um zwei noch brav an einer roten Ampel, wenn weit und breit kein Auto zu sehen ist? (Der Mann kommt aus China, einer der brutalsten Diktaturen der Welt, und saß dort mehrfach und lange im Knast.) Weil ›man‹ bei Rot nicht geht! Die wirklich spannende Frage wäre, wovor wir denn Angst haben, wenn wir nachts und ohne Verkehr eine rote Fußgänger-Ampel mal rotzfrech ignorieren und über die Straße huschen würden. Vor der Polizei? Einer Überwachungskamera? Dem Zorn Gottes? Oder gehorchen wir einfach blind einer Vorschrift? Denn genau da wird's gefährlich, wie die Geschichte uns hätte lehren müssen ...

Es ist zugegebenermaßen ein Spagat, den wir da hinbekommen sollten: zwischen sinnvoller Anpassung, sodass ein harmonisches Zusammenleben in einer Gesellschaft überhaupt möglich ist, und dem dumpfbackigen Verschmelzen mit der Herde bei abgeschaltetem Hirn. Wenn in einer Gesellschaft Eigenverantwortlichkeit, Kreativität und Individualismus unterdrückt und weggebügelt werden, bleibt leider nur das Mittelmaß. Mittelmaß bremst und bringt niemanden weiter. »Die Normalität ist eine gepflasterte Straße; man kann gut darauf gehen – doch es wachsen keine Blumen auf ihr«, sagte einmal Vincent Willem van Gogh, der Neffe und Nachlassverwalter von *dem* van Gogh. In Deutschland wachsen in Bezug auf Nonkonformismus, Innovation, Neu-Denken zu wenig sichtbare Blumen. Und wenn sie wachsen, dann im Bonsai-Format, am liebsten unbemerkt, und geblüht wird verschämt und möglichst unauffällig im Schatten ...

Individualisten und Nonkonformisten sind Außenseiter – aber erfolgreich

Weil es in der Herde so warm und gemütlich ist, lassen sich die meisten gern vorschreiben, was zu tun und zu lassen ist, egal ob sie der Spießer-Herde oder der Hipster-Herde folgen. Letztere ist übrigens genauso spießig wie erstere, v.a. weil sie sich kollektiv so herrlich einig ist, dass die Spießer-Herde spießig ist. Und zieht sich statt Funktionskleidung im Partnerlook dann eben die neuesten Hipster-Marken an und verbringt morgens eine halbe Stunde im Bad damit, so unfrisiert und zerwuselt auszusehen, als besäße man gar kein Bad. Das Problem: Die meisten menschlichen Herdentiere haben nicht die geringste Ahnung davon, dass sie überhaupt in einer Herde mitlaufen. Sie sind fest davon überzeugt, total originelle Individualisten zu sein. Das gilt für die Kunden der Tattoo-Studios genauso wie für SUV- und 911er-Fahrer, Nordic Walker, Attila-Hildmann-, Helene-Fischer- und Hatha-Yoga-Fans.

Dass wir es tatsächlich nicht checken, wenn wir anderen hinterherdackeln, hat der deutsche Verhaltensbiologe Jens Krause gezeigt. Er dachte sich folgendes Experiment aus:[12] Acht Probanden stehen in der Mitte eines Kreises mit zehn Metern Durchmesser. Außen am Kreis liegen in regelmäßigen Abständen Karten mit den Zahlen 1 bis 16. Die Aufgabe der Teilnehmer ist es, sich ganz nach Lust und Laune auf der Kreisfläche zu bewegen. Weitere Vorgaben: Sie dürfen nicht miteinander reden und müssen als Gruppe zusammenbleiben. Was die meisten der Versuchspersonen nicht wissen: Ein oder zwei von ihnen haben insgeheim den Auftrag, die Gruppe zu einem bestimmten Buchstaben zu führen. Das Ergebnis ist immer dasselbe: Den heimlichen Führern gelingt es, die Gruppe nach Belieben zu lenken. Doch die »Herdentiere« meinen, sie wären zufällig umhergelaufen. Wenn ihnen gesagt wurde, dass sie geführt worden waren, sagten sie: »Ach wirklich?«

Dieser Effekt funktioniert auch in größeren Gruppen: Um 200 Leute in die gewünschte Richtung zu führen, braucht es nur zwei bis drei heimliche Anführer.

Was für ein Programm läuft da in uns ab? Kein anderes Lebewesen ist so frei in seinen Entscheidungen wie wir Menschen. Und trotzdem docken wir ganz automatisch an die Mehrheit an. Das Prinzip Herde erweist sich als überaus langlebig, weil es scheinbar so einfach und unkompliziert funktioniert.

1986 wollte der Amerikaner Craig Reynolds wissen, wie sich die Bewegung von Vogel- und Fischschwärmen mit dem Computer simulieren lässt.[13] Er stellte fest, dass es nur drei Regeln gibt, nach denen sich jedes einzelne Schwarmmitglied richten muss:

1. Komm deinen unmittelbaren Nachbarn im Schwarm nicht zu nahe!

   – Klar, sonst würden die einzelnen Tiere im dichten Gewühl ja zusammenstoßen.

2. Bewege dich in die Richtung, die der Mittelwert der Richtungen deiner Nachbarn ist!

   – So zieht der Schwarm in *eine* Richtung weiter.

3. Bewege dich an den Ort, der den Mittelwert der momentanen Positionen deiner Nachbarn darstellt!
– So bleibt der Schwarm beieinander. Sollte einer der Nachbarn aus dem Schwarm ausbrechen, dämpfen die anderen Nachbarn den Effekt.

Diese drei Regeln von Craig Reynolds lassen sich sogar auf *eine* eindampfen: Mach dasselbe, was deine Mitflieger, -schwimmer oder -läufer machen. So schaffen es selbst Mücken, nicht gerade für überdimensionierte Gehirne und mentale Höchstleistungen bekannt, im Schwarm zu bleiben.

Dank dieses simplen Mechanismus muss ein Fisch oder ein Vogel in seinem Schwarm nicht einmal wissen, wo die Reise hingeht. Schwärme setzen auf das Gesetz der großen Zahl. Von dreißig Spatzen werden fünf das Futter auf dem Boden entdecken und die anderen mit sich ziehen.

In einer Herde sind die sozialen Beziehungen untereinander komplizierter als im Schwarm, doch im Prinzip funktioniert sie nach denselben Regeln. Ein Gnu, das in einer 500-köpfigen Herde unterwegs ist, richtet sich nach seinen Nebengnus, mehr hat es ja auch gar nicht im Blick. Irgendwo an der Spitze seiner Herde befindet sich ein erfahrenes Tier, das alle anderen mit sich zieht.

Wenn Lemminge querdenken

Als Menschen der industrialisierten Welt haben wir das Herdenprinzip eigentlich längst überwunden. Wir hätten die Herde im Erwachsenenalter theoretisch nur in Ausnahmesituationen nötig. Auch außerhalb der Herde würde bei uns niemand verhungern, für ärztliche Versorgung ist weitgehend gesorgt usw. Es droht also keine unmittelbare Lebensgefahr, wenn man ausschert.

Dagegen haben Herdentiere wie Gazellen und Zebras als Einzelgänger keine Überlebenschance. Wer seine Herde verliert oder von ihr ausgestoßen wird, ist unmittelbar bedroht, als einzelnes Glied der Nahrungskette getötet zu werden. Anders beim Menschen: Was früher unser Überleben gesichert hat, hindert uns heute daran, unser Potenzial voll auszuschöpfen, eigene Gedanken oder eigene Kreativität zu entwickeln und so unser Leben als Individuen mit allen unseren Möglichkeiten in vollen Zügen zu genießen.

Trotzdem gilt Querdenken in unserer Gesellschaft weiter als Störung, Nonkonformisten werden als Fremdkörper argwöhnisch beäugt. Man stelle sich vor, ein deutscher Filmstar würde plötzlich Salat-Soßen auf den Markt bringen, um karitative Projekte zu finanzieren. Oder Bio-Windeln. Oder er würde Geld einsammeln und ganze Landstriche aufkaufen, um sie vor Immobilien-Firmen und ihren Banken zu retten, die auch aus den letzten Grünflächen noch Gewerbeparks und Betonburgen machen wollen. Oder Bäume hochklettern und sich tagelang oben anketten. Oder sich vor dem Bundeskanzleramt verhaften lassen, um auf die Situation in Süd-Sudan aufmerksam zu machen ... Skepsis, Häme und Gelächter wären groß. So geschehen in USA (in o.g. Reihenfolge): Paul Newman, Jessica Alba, Robert Redford, Daryl Hannah, George Clooney. Großzügige Spender, Stifter, Aktivisten halten sich in Deutschland meistens bedeckt, zu groß sind Neid, Argwohn, Misstrauen und Hohn.

Dabei brauchen wir diese Menschen in einer immer komplexeren, vernetzten Welt dringender denn je. Und je komplexer die Probleme der menschlichen Herde sind, desto eher brauchen wir neue Ideen, Denkansätze, Lösungen. Nur so können wir die Lebensqualität der menschlichen Herde verbessern. Und damit meine ich nicht den materiellen Lebensstandard, sondern Grundrechte wie den Zugang zu solider Bildung für alle, nicht nur für gehobene Schichten; bestmögliche medizinische Versorgung für jeden, egal ob Privat- oder Kassenpatient, ob Land- oder Stadtbewohner; qualitativ hochwertige Lebensmittel, egal ob arm oder reich; und sozial vertretbare Löhne, egal ob einer Abi hat oder nicht, ob er geistig oder körperlich arbeitet, seiner Neigung und Begabung entsprechend. Die erfolgreichsten Länder der Welt (in Skandinavien) sind diejenigen, in denen die höchsten und niedrigsten Gehälter am wenigsten auseinanderklaffen. Ohne neue Ideen von Querdenkern wird sich diese Schere bei uns weiter öffnen, werden wir unseren Lebensstandard weiterhin auf dem Rücken der Arbeiter/innen in Billiglohnländern finanzieren, die sich zu Tode schuften, um den Lebensstil unserer Wegwerfgesellschaft zu ermöglichen. Und wir werden weiter reichlich verlogen über Kinder- und Altersarmut jammern, ohne etwas gegen sie zu unternehmen.

Zum Glück bewegt sich etwas. Dank Start-Ups, Crowdfunding und ähnlichen ›Neu-Erscheinungen‹ scheinen sich die Zeiten zu ändern. Auch wenn wir Deutschen wie gehabt immer erst mal skeptisch sind und am liebsten gleich mal gerichtlich dagegen vorgehen: Erfindungen wie der Taxi-Service Uber, die Mitwohn-Plattform AirBnB und unzählige Sharing-Plattformen haben sich in unglaublichem Tempo weltweit durchgesetzt.

Und auch in der Arbeitswelt häufen sich die Beispiele dafür, dass nicht immer nur der angepasste, katzbuckelnde und Klappe-haltende Mitarbeiter gesucht oder belohnt wird, sondern auch kritische Köpfe und Querdenker eine Chance haben. Als Steve Jobs, bekannt als schwierig, launisch und cholerisch, noch lebte, vergaben seine Mitarbeiter insgeheim und regelmäßig einen Preis an denjenigen, der es gewagt hatte, dem Boss zu widersprechen. Jobs erfuhr irgendwann davon, und seine Reaktion war genial: Er beförderte jeden Einzelnen dieser Preisträger, oft gleich über mehrere Sprossen der Karriereleiter hinweg. Bei Bewerbungsgesprächen mit den hellsten Köpfen, die Silicon Valley hervorgebracht hatte und die bei Apple anheuern wollten, interessierte Jobs der Werdegang oder die Qualifikation weniger als die Frage, ob der Bewerber vielleicht ein Instrument spielte? Oder malte, bildhauerte, schrieb, irgendwas Kreatives als Hobby hatte? Bob Dylans Songs und Texte kannte? Wer verneinen musste, konnte wieder gehen.

Der ›Steve Jobs der Finanzindustrie‹, ein Manager namens Ray Dalio, geht noch weiter. Er verwaltet das Geld von Staatsfonds, Stiftungen, NGOs, Universitäten etc. in Billionen-Höhe. Dalio entlässt Leute, die ihn nicht regelmäßig kritisieren. Er will Mitarbeiter, die nicht hierarchisch denken und ihm nach dem Mund reden, sondern widersprechen, ihn herausfordern, neue Ideen entwickeln.

In der Topriege der BMW-Manager sitzt ein einzelner einsamer Mann, der weder Abi gemacht noch studiert hat. Er heißt Hermann Bohrer und ist zufällig ein Freund von mir, weil wir beide trotz fortgeschrittenen Alters und seit frühester Jugend eine Leidenschaft teilen: Motorrad fahren. Hermann stammt aus der tiefsten bayerischen Provinz, aus der Nähe von Dingolfing, seine Eltern hatten einen kleinen Bauernhof. Er spricht so heftiges Bayrisch, dass ich anfangs Mühe hatte, ihn zu verstehen. Gerhart Polt klingt im Vergleich zu ihm wie ein Tagesschau-Sprecher. Hermann begann als 15-Jähriger in einer Dingolfinger BMW-Werkstatt seine Lehre als KFZ-Mechaniker, war irgendwann Werkstattleiter und sanierte 20 Jahre später das Werk des BMW-Zukaufs Rolls Royce in Goodwood, England. Ich lernte ihn kennen, als er nach Berlin kam, um die defizitäre Motorrad-Tochter des Konzerns auf Vordermann zu bringen. Er führte mich wenig später in

Begleitung mehrerer Angestellter über das Fabrikgelände in Spandau. Und zwei Dinge werde ich nie vergessen: Erstens hob Hermann auf unserem Spaziergang über das stadt-ähnliche Gelände jedes noch so kleine Stück Müll selbst auf, steckte es je nach Größe in die Hosentasche oder trug es in der Hand, bis wir an einem Müllcontainer vorbeikamen. Dort entsorgte er Papierschnipsel, Zigaretten-Kippen oder Plastik- und Metall-Teilchen korrekt getrennt in die jeweiligen Behälter. Und zweitens: Beim anschließenden Kaffee in seinem schlichten Büro sagte er einen für seine Position großen Satz: »Dös schlimmste für mi is, wann in oan' rausschmeiss'n muass. Wann der Lad'n net lauft und i die Leit kündig'n muass.« Der Laden lief bald wieder, und zwar erfolgreicher denn je, und Hermann musste ›koan rausschmeiss'n‹. Hermann duzt sämtliche Mitarbeiter, hat zwischenzeitlich das Münchner Stammwerk geleitet und baut jetzt ein gigantisches BMW-Werk in San Luis Potosí auf, mitten im fernen Mexiko, ohne bei seiner Abreise im Sommer 2016 auch nur ein Wort Spanisch zu sprechen. Außer ›Tequila‹, den musste er nämlich während der Verhandlungen zwischen BMW und dem Gouverneur der Provinz eimerweise schlucken. Wenn er in ein paar Jahren zurückkommt, wird er Spanisch parlieren, mit deftigem bayrischen Akzent. Und hoffen, »dass di do koan rausschmeissn miassn, wann dös Ding fertig is. De brauchn dort'n Arbeit, de Mexikaner. San ja arme Leit'.«

Hermann ist vermutlich mehr Original als Querdenker. Aber er hat ein Herz von der Größe eines Wassereimers, hört jedem, selbst dem kleinsten Angestellten, lange und geduldig zu, und denkt durch und durch sozial. Quergedacht hat hier eher ein Weltkonzern, der einem Mann wie Hermann eine solche Karriere ermöglicht hat. Ohne Abitur, BWL- oder Ingenieurs-Studium, ohne Hochdeutsch-Kenntnisse und vor allem ohne Arschkriechen.

Was an Hermanns Werdegang so ermutigend ist: Er hat sich nie verbogen, für nichts und niemand. Er hat nie seine Ellenbogen eingesetzt oder intrigiert, um weiterzukommen. Er hat seelenruhig, besonnen und präzise seine Arbeit verrichtet, ständig über Verbesserungen nachgedacht, den Mund aufgemacht, wenn es richtig und wichtig war. Er ist in seiner Herde von ganz unten bis zum Leittier aufgestiegen, ohne sie zu vergessen. Und wer seine Leute respektvoll behandelt, wird von ihnen auf Händen getragen. Neben der Qualität seiner Arbeit dürfte das der Schlüssel zu seinem Erfolg sein. Um es mit Hermann zu sagen: »Wann'st Dei Leit anständig behandelst, reiss'n die sie den Oarsch auf füah Di. So oafoch is dös.«

Es gibt deutsche Vokabeln, die sich in keine Sprache der Welt übersetzen lassen. Gemütlichkeit zum Beispiel. Oder Wachstumsbeschleunigungsgesetz. Oder Umsatzsteuervoranmeldungsfristverlängerung. Oder auch Telekommunikationsüberwachungsverordnung. Oder: Schadenfreude! Für Ersteres haben z.B. die Angelsachsen nur ›cosy‹, was rein gar nichts mit Gemüt zu tun hat, und Letzteres ist ihnen so fremd, dass sie einen ganzen Satz brauchen: »The feeling of enjoyment that comes from seeing or hearing about the troubles of other people« (Webster Dictionary). Oder, in der knackigen US-Version: »Joy obtained from the failure or misery of others«.

Was es ebenfalls nur in der Sprache von uns Dichtern und Denkern gibt, ist ›Neidkultur‹. Dass wir diese überhaupt als ›Kultur‹ bezeichnen, finde ich verdächtig und ziemlich irritierend. Warum das so ist, hat mich immer brennend interessiert, bis heute konnte mir niemand eine einleuchtende Antwort geben. Friedrich Nietzsche sagte einmal, und das ist lange her: »In Deutschland ist die höchste Form der Anerkennung der Neid.« Wilhelm Busch, fast wörtlich, aber böser: »Neid ist die aufrichtigste Form der Anerkennung.« Da lobe ich mir die Kölner mit ihrem ›kölschen Jrundjesetz‹ bzw. ›Wohlstandsgesetz‹ »Mer muss och jönne könne!« Da wir aber nicht alle nach Köln ziehen können, weil es dort jetzt schon keinen bezahlbaren Wohnraum mehr gibt, hier eine kleine Geschichte über eins meiner Vorbilder, auch wenn er fast mein Enkel sein könnte. Fände ich Neid keine so sinnlose, negative, energieraubende Zeitverschwendung und Bewunderung nicht das weitaus fruchtbarere Gefühl, diesen brillianten Nerd könnte ich beneiden:

Ich hatte im Jahr 2008 das Vergnügen, einen damals elfjährigen Jungen mit schiefer Brille und Skateboard unterm Arm kennenzulernen, der mittlerweile, im zarten Alter von 20, weltweit einer der erfolgreichsten und prominentesten Umweltaktivisten ist: Felix Finkbeiner. Als er neun Jahre alt war, bereitete er für den Unterricht an seiner Schule in Starnberg ein Referat über den Klimawandel vor. Er hatte gehört, dass überall auf der Welt Bäume abgeholzt werden und dadurch der größte CO_2-Speicher der Welt, nämlich den Wald, in immer schnellerem Tempo vernichtet und so die Klimaerwärmung weiter beschleunigt wird. Felix stieß bei seinen Recherchen auf die Kenianerin Wangari Maathai, deren Aufforstungsprojekt dafür sorgte, dass in Afrika Millionen von Bäumen gepflanzt wurden. 2004 erhielt sie für ihr Engagement den Friedensnobelpreis.

Am 19. Januar 2007 trat Felix Finkbeiner also vor seine Grundschulklasse und hielt sein Referat. Mit kindlichem Enthusiasmus beendete er es mit der Aufforderung: »Lasst uns in jedem Land der Welt eine Million Bäume pflanzen!« Mit Hilfe seines leicht konsternierten Vaters schritt der kleine Mann umgehend zur Tat: Den ersten Baum setzte er neben das Pförtnerhaus auf dem Schulgelände und gründete die Initiative *Plant-for-the-Planet*. Wenig später tat er sich mit Wangari Maathais *The Billion Tree Campaign* zusammen. 2009 waren bereits mehr als sieben Milliarden Bäume gepflanzt; in Deutschland kam der millionste Baum 2010 in die Erde. 2011 mischte er in New York mit einer Rede die Vereinten Nationen auf und haute den Zuhörern im vollen Plenum sein »Stop talking – start planting!« um die Ohren. Auf Englisch. Ohne Zettel. Felix' Rede vor der UN steht auf Youtube und gehört zum inspirierendsten und unterhaltsamsten, was ich zum Thema Umwelt kenne.

Sie sollte meines Erachtens bei jeder Aufsichtsrats-, Aktionärs-, Bundestags- und Lehrer-Versammlung gezeigt werden.

Felix hat sein Ding nicht allein hochgezogen, einige aus seiner Klasse waren von Anfang an dabei, ich habe die kleine Freundesclique seinerzeit kennengelernt. Aber Felix ist die treibende Kraft. Ausländische Medien überschlugen sich, kürten ihn zum ›Environmental Superstar‹. Und was ist in Deutschland die Reaktion auf diesen unglaublichen Einsatz und Erfolg? Bitte ankreuzen:

☐ Die Politik nimmt sich ein Beispiel, weil sie weiß: Mit engagierten Menschen wie Felix Finkbeiner sind die Umweltprobleme dieser Welt lösbar. (Falsch)

☐ Die Medien jubeln: »Wir gratulieren, Felix!« (Falsch)

☐ Den Eltern wird unterstellt, sie hätten ihrem Kind eine Gehirnwäsche verpasst und würden es als Marionette missbrauchen, um Kohle zu machen. (Richtig!)

Ich frage mich: *Wer* hat hier eine Gehirnwäsche hinter sich? Ich habe Felix mitsamt seiner Familie im Garten ihres Hauses bei Kaffee und Kuchen kennengelernt, als witzigen, schlagfertigen und völlig ›normalen‹ Jungen – abgesehen davon, dass er mit elf Jahren schon mehr erreicht hatte als andere in ihrem ganzen Leben. Und definitiv mehr quatschte und mehr Kuchen aß als seine Eltern und Geschwister. Er war einfach leidenschaftlich überzeugt von seiner simplen Idee: Wenn Wälder vernichtet werden, muss man eben neue pflanzen! Ich hatte keine Sekunde lang das Gefühl, Felix wäre von seinen Eltern oder sonst wem instrumentalisiert worden. Im Gegenteil, die Familie wirkte eher überrollt und etwas überfordert: Felix hatte die Garage bis unters Dach als ›Plant for the Planet‹-Zentrale beschlagnahmt und nutzte sie mit seinen Freund/innen als Hauptquartier. Nicht mal die Fahrräder hatten mehr Platz. Den Eltern war es fast peinlich, als Felix fragte, ob ich irgendwelche Ideen hätte, wie man ›Plant for the Planet‹ weiterbringen könne? »Du bist doch beim Fernsehen und machst solche Dokus!« Felix' gut gelaunter, kindlicher Aktivismus war so ansteckend, dass ich nach drei Stück Kuchen nach Hause fuhr und alle mir bekannten und geeigneten Stellen mit Mails bombardierte, um dieses so einfache wie geniale Projekt zu pushen. Das größte Erfolgserlebnis war wenig später Felix' Kooperation mit *dm*, wo seit Jahren seine ›Gute Schokolade‹ vertrieben und die Erlöse in Aufforstung gesteckt werden.

Kaum war diese Kooperation zustande gekommen, hatte ich bereits die ersten Anfragen, ob denn alles koscher sei bei den Finkbeiners? Kann man diesen Jungen unterstützen? Soll man diese Schokolade kaufen? Geht's da nicht doch nur ums Geldmachen? Steckt da nicht ein super-ehrgeiziger Vater dahinter, der seinen Sohn für eigene Zwecke missbraucht? Ich staunte Bauklötze. Da pflanzt ein bestens gelaunter Junge rund um den Globus Milliarden von Bäumen, mischt die UN auf, heizt der (hinsichtlich des Umweltschutzes) chronisch impotenten und untätigen Politik ein, und dann kommt nichts als destruktiver Müll, Misstrauen, Vorurteile? Woher kommt diese Negativität? Warum werden Felix und sein Vater ›Weltverbesserer‹ oder ›Gutmenschen‹ genannt, und das ist bekanntlich nicht als Kompliment gemeint. Mir scheint dies ein klarer Fall von schlechtem Gewissen zu sein. Weil man selbst nicht in die Gänge kommt, wird derjenige, der sich einsetzt, lächerlich und mies gemacht. Felix erinnert jeden von uns daran, wie leicht man etwas bewegen, etwas auf die Beine stellen könnte. Jeder von uns sollte sich fragen: Warum muss ein Junge kommen und uns zeigen, wie es geht? Warum werden wir nicht selbst aktiv? Und was ist das für eine Gesellschaft, in der ›Weltverbesserer‹ und ›Gutmensch‹ Schimpfwörter sind? Die Antwort: eine neidische.

Der Neider versucht, andere Menschen runterzuziehen. Er denkt: »Eigentlich will ich das auch haben oder machen.« Oder: »Eigentlich will ich auch so sein.« Weil er sich aber nicht anstrengen will und den Arsch nicht hochkriegt (»Bringt ja sowieso nichts!«), findet er es befriedigender, wenn dem Beneideten die Flügel gestutzt werden. Das entlastet sein schlechtes Gewissen und zieht das Objekt des Neides hoffentlich aufs eigene, mickrige Niveau herunter.

Ich aß während der Dreharbeiten zur ›Highlander‹-Serie in Paris mal mit dem kanadischen Kollegen Paul Johansson zu Abend. Wir quatschten und tranken unser Weinchen, als im Restaurant plötzlich Applaus aufbrandete und einige Gäste aufstanden. Es dauerte einen Augenblick, bis wir verstanden, warum: Fanny Ardant hatte das Lokal betreten, und alle unterbrachen ihr Dinner, um Madame Ardant eine Standing Ovation zu servieren. Diagnose: Verehrung, Bewunderung.

Nach dem Dreh in Paris flogen Paul und ich nach L.A. zurück und trafen uns dort gelegentlich zum Segeln oder Kaffeeklatsch. Und wie es unser Glück so wollte, saßen wir eines Nachmittags in Venice im Rose Cafe und entdeckten in einer Ecke Al Pacino, der mit einem alten Freund sein Käffchen schlürfte. Überall auf der Terrasse sah man aufgeregte Gesichter, die, so diskret es eben ging, gelegentlich in Pacinos Ecke hinüberschielten. Und regelmäßig standen Leute auf, gingen zu seinem Tisch, entschuldigten sich höflich für die Störung und sagten Sachen wie: »Thanks for your amazing work«, oder »I *love* your movies!« Diagnose: Freude, Anerkennung.

Während der Berlinale saß ich ein paar Jahre später nach der Premiere mit Freunden im obligatorischen

›Borchardts‹ und hörte mir das ebenso obligatorische Gemecker über den Eröffnungsfilm an (›La Vie en Rose‹ mit
Marion Cotillard, ich fand ihn großartig). Iris Berben be-
trat das Lokal, wie immer stilvoll gekleidet und makellos
schön. Die meisten taten, als hätten sie Iris nicht gesehen,
aber sofort ging das Getuschel los: »Die hat sich doch schon
wieder was machen lassen! Von wegen vier Liter Evian am
Tag ...« Diagnose: Neid, Missgunst.

»Neid sieht nur das Blumenbeet, nie den Spaten.«
(Chinesisches Sprichwort)

Neid ist eine der sieben Todsünden. Zahllose deutsche
Sprichwörter warnen vor ihm: »Wer neidet, der leidet.«
»Ein neidisch Herz hat Qual und Schmerz.« Dabei wäre es
ein Leichtes, Neid in ein positives Gefühl umzuwandeln:
Wenn man etwas sieht, hört oder erlebt, was man selbst
nicht hat, kann oder ist, dann sollte das eine Inspiration
sein, ein Ansporn, eine treibende Kraft. Wenn wir schon
Neid empfinden, dann sollte er nichts weiter bewirken, als
uns auf die Idee zu bringen, uns anzustrengen, uns neu zu
orientieren auf unserem ausgetretenen Pfad. Stattdessen
praktizieren wir Neid weitestgehend als destruktives Ge-
maule und Garant für miesepetrige Laune und heruntergezogene Mundwinkel. Und als Ausrede fürs eigene Versagen
oder die eigene Mittelmäßigkeit. Neider sind Kandidaten
für Magengeschwüre und Krebserkrankungen, weil sie
ständig doppelt Grund haben, sich zu ärgern: nicht nur
über Zufriedenheit und Erfolg von anderen, sondern auch
noch über den eigenen Misserfolg. Schopenhauer war zwar
(noch) kein Psychologe, aber wie sein Zeitgenosse Nietzsche ein bedeutender Philosoph und Meister darin, Lebens-
weisheiten als Aphorismen zu formulieren: »Neid ist ein
Laster und Unglück zugleich. Er zeigt an, wie unglücklich
Menschen sich fühlen; ihre beständige Aufmerksamkeit auf

fremdes Tun und Lassen, wie sehr sie sich langweilen. Wir sollten ihn daher als den Feind unseres Glückes betrachten und als einen bösen Dämon zu ersticken suchen.«

Ein Blick auf die deutsche Neidgesellschaft lässt befürchten, dass tatsächlich kaum noch jemand solche Weisheiten liest, sondern bevorzugt RTL guckt oder die Fotostrecken in ›Bunte‹ und ›Gala‹ durchblättert. Jeder kennt den Ausdruck ›blass vor Neid‹. Vielleicht gibt es deshalb in jedem Winkel der Republik Sonnenstudios: Keiner gibt gerne zu, neidisch zu sein, also geht man zum Bräunen, bis der Dermatologe kommt. Neid verursacht also nicht nur ungesunde Gesichtsfarbe, sondern raubt einem genau die Energie, die man bräuchte, um weiterzukommen, Dinge aktiv zu verbessern. Anstatt seinen Fokus auf die eigenen Ziele zu richten, wird mit Argusaugen beobachtet, was andere ›mehr‹ haben – mehr Talent, Erfolg, Geld usw. Unter dem Deckmäntelchen der ausgleichenden Gerechtigkeit erwarten die Neider von den Beneideten, dass sie gefälligst abgeben, bis die totale Gleichschaltung da ist. Alle sollen dasselbe haben, können und machen – die Herde lässt grüßen. Der zuletzt viel zitierte Hass auf die sog. ›Eliten‹ rührt genau daher, und treibt Trump, Le Pen und AfD ihre Wähler zu. Genau wie seinerzeit der NSDAP, die schürte ganz gezielt den Hass auf vermeintliche Eliten.

Neid ist die Waffe der Schwächeren, heißt es. Man kann es anders ausdrücken: Neid ist die Waffe der menschlichen Herdentiere. Jeder, der aus der Masse ausschert, wird argwöhnisch beäugt und angefeindet, verleumdet, beneidet, vor allem wenn er es selbstbewusst, zuversichtlich und erfolgreich tut. Und wenn er nicht reumütig zurück in die Herde einschert, wird er runtergezogen und fertiggemacht. Es ist wie beim Heckenschneiden: Was oben rausguckt, wird abgeschnitten. Gut für uns, dass nur Kühe und Bären zum Abschuss freigegeben werden.

Je mehr ich durch die Weltgeschichte tingele, desto erstaunter bin ich, mit welcher Akribie und Ausdauer die neidische Unzufriedenheit hierzulande gepflegt wird (die bereits erwähnten Kölner Gönner mal ausgenommen). Dabei gehören wir Deutschen zu den reichsten Völkern der Welt. Freiheit, Bildung, Gesundheit, Lebensstandard und -qualität ... – in allen Rankings liegen wir in der Spitzengruppe. Deutschland ist ein leuchtendes Vorbild für andere Nationen. Und gerade hier blüht der Neid? Wie kann das sein?

Ich habe mich nach einer Vortragsveranstaltung in Düsseldorf einmal mit Richard David Precht darüber unterhalten. Auch ihn beschäftigt das Thema der ›deutschen Neidkultur‹. Seine Überlegung: Ein Volk, das tatsächlich gute Gründe für eine Neidgesellschaft hätte, sind die Russen. Man muss nur die russischen Oligarchen anschauen, die den Kudamm, die Côte d'Azur oder Schweizer Wintersportorte überrennen und dort Hotel- und Boutiquenbesitzer reich und glücklich machen. Im Vergleich zu diesen Typen nagt die deutsche Hautevolee am Hungertuch oder lebt Carsten Maschmeyer wie ein Hartzer. Trotzdem ist ein russischer Rentner nicht neidisch auf diese Turbo-Bonzen. Selbst wenn er nichts zu heizen hat und im Winter lieber ganztägig im Bett bleibt, um bloß nicht hungrig zu werden: Nahrungsmittel sind für viele Alte im Putin-Reich nicht mehr erschwinglich. Trotzdem käme es dem armen Mann nicht in den Sinn, neidisch auf den Austern und Champagner schlürfenden Oligarchen zu sein. Richard David Precht erklärt sich das so: »Je höher der Gerechtigkeitsanspruch einer Gesellschaft, desto größer der Neid.«[14] In ungerechten Gesellschaften, zum Beispiel in Russland, gibt es keine Neid-Debatten: Putins Privatvermögen wird laut BBC auf mindestens 40 Milliarden Dollar geschätzt, US-Schätzungen gehen bis zu 300 Milliarden Dollar. Trotzdem stehen 80 Prozent der Russen hinter ihm. Peer Steinbrück kritisierte einmal Merkels Jahreseinkommen von ca. 260.000 Euro als zu niedrig und wurde dafür geschlachtet. Bei uns soll alles gerecht sein – jeder muss immer und überall das Gleiche kriegen und das Gleiche können. Wenn nicht, gibt es Neid-Debatten, und in jeder Quasselshow wird der Untergang des Sozialstaats und der sozialen Gerechtigkeit diskutiert. Ausgenommen sind wie immer und wundersamerweise Fußballer, Formel-1-Fahrer und die CEOs der Dax-Konzerne. Allen voran Martin Winterkorn, der selbst nach dem VW-Skandal noch frei herumlaufen und siebenstellige Rentenbezüge genießen darf. Da sind wir dann erstaunlich obrigkeitshörig und finden die Einkommen dieser Eliten völlig in Ordnung.

Neid gedeiht auch dort besonders gut, wo Menschen nicht viel von sich selbst halten. Sie kommen gar nicht erst auf die Idee, selbst ihre Situation zu ändern. Ich-Schwäche nennt man das. Und weil wir Deutschen uns tatsächlich lange Zeit klein und mies fühlten, haben wir besagte Neidkultur zu dem gemacht, was in Frankreich der Wein, in England der Tee und in Italien die Pasta ist.

Der Psychoanalytiker Carl Gustav Jung kam als einer der Ersten auf die Idee, dass Völker ihre ganz eigene Mentalität entwickeln. Denn ihre spezifischen historischen Erfahrungen formen ihr kollektives Unterbewusstsein. Bei uns Deutschen sind das nun mal viele Jahrhunderte Kleinstaaterei, zwei verlorene Weltkriege, ein Ex-Kaiser, der lieber in holländischen Dünen spazierenging, als für seine Verantwortung für den Ersten Weltkrieg geradezustehen, ein Führer (aus Österreich), der das deutsche Volk in Rekordzeit in den totalen Untergang führte, Holocaust inklusive. Nicht unbedingt die besten Voraussetzungen, um Stolz und Selbstbewusstsein zu entwickeln. Seit ein, zwei Jahrzehnten ändert sich das erfreulicherweise. Wir machen uns endlich etwas lockerer. Abgesehen von Pegida- und AfD-Anhängern natürlich.

Der Fluch des Erfolges

Unser Hang zum Neidischsein macht uns nicht gleich zu schlechten Menschen. Im Gegenteil. Wir sind im internationalen Vergleich zum Beispiel sehr spendabel: Mitgefühl bei Naturkatastrophen, Spenden-Galas und -Marathons mit Einnahmen in zweistelliger Millionenhöhe, Patenschaften, erfolgreiche Hilfsorganisationen wie die Christoffel Blindenmission usw. Jedes Mal, wenn ich bei ›Ein Herz für Kinder‹ im ZDF am Spendentelefon sitze, bin ich unglaublich stolz auf unser Land. Da rufen Omas mit 600 Euro Rente an und spenden 50 davon. Beim letzten Mal hatte ich einen schwer hessisch ›babbelnden‹ Jungunternehmer an der Strippe, der mir sagte »Isch habb'n gudes Jahr gehabt, isch möscht gänn 5000 Euro übberwaihs'n fiäh Eure gude Sach da.« Mir fiel fast der Hörer aus der Hand vor Lachen und Begeisterung.

Wenn wir nur unseren Neid überwinden könnten, dann wäre Deutschland ein fast perfektes Land. Neid tut nicht gut, weder dem Neidischen noch dem, der beneidet wird. Neid ist so alltäglich, selbstverständlich und akzeptiert, dass man ihn fast gar nicht mehr registriert. Um ihn noch wahrzunehmen, muss man ins Ausland reisen, dort mit den Einheimischen verkehren und Medien konsumieren, und dann zurück in die Heimat. Sofort fällt einem auf, dass gerade die Medien unsere Neidkultur befeuern, wo es nur geht.

Ein Paradebeispiel ist Cristiano Ronaldo. Dass der vierfache Weltfußballer bei seinen Steuern trickst wie viele Weltkonzerne, die meisten seiner Kollegen und sämtliche deutschen Formel-1-Fahrer auch, lassen wir jetzt mal außen vor. Ronaldo ist unfassbar erfolgreich, redet keinen Unsinn, ist sozial engagiert und spendabel und sieht obendrein in den Augen vieler auch noch unverschämt gut aus. Und jede dieser Eigenschaften macht die Neidgesellschaft nur noch verrückter. Seine Tore kann man nicht wegdiskutieren, auch wenn es viele versuchen (»Abstauber«). Also wird seine Person in den Dreck gezogen. Schlagzeile der BILD-Zeitung: ›Ronaldo, der arroganteste Fatzke der Welt‹.

Was war passiert? Fußball-EM 2016. Nach dem Spiel gegen Island, das zur bitteren Enttäuschung der Portugiesen unentschieden ausging, wollte Aron Gunnarsson, einer der isländischen Spieler, mit Ronaldo das Trikot tauschen. Überall war am nächsten Tag in den Medien zu lesen, dass Ronaldo ihn mit den Worten abblitzen ließ: »Wer bist du denn?« So ein unsportliches, arrogantes Arschloch!

Doch die Geschichte war erlogen. Gunnarsson selbst stellte es später richtig: Ronaldo hatte gesagt, er wolle ›inside‹, also im Tunnel, das Trikot tauschen. Aber das war zu spät, das Negativ-Image war schon platziert. Nur wenige wollten hören, dass Ronaldo als Erster zum Training erscheint und als Letzter geht, bei seiner Mannschaft als Teamplayer überaus beliebt ist, Botschafter der größten unabhängigen Kinderrechtsorganisation der Welt ist (›Save the Children‹), Schulen im Gaza-Streifen bauen lässt, Blut spendet und gern auch mal die Witwe eines an Krebs verstorbenen ehemaligen Mannschaftskameraden zu Spielen einfliegen lässt.

Ronaldo-Bashing ist ein deutscher Volkssport geworden, v.a. bei fettleibigen, Bier saufenden, Frikadellen mampfenden Stammtischbrüdern und ihren Vordenkern, u.a. einem abgehalfterten, schwabbel-bäuchigen Sportreporter aus Bayern, der während der EM 2016 eine halbe Markus-Lanz-Sendung lang unerträglich unsachlich und polemisch gegen Ronaldo hetzte, und keiner stoppte ihn. Als die Steuer-Tricks von Spitzensportlern auffliegen, titelt ›Der Spiegel‹ mit einem Ronaldo-Foto auf dem Cover, neben dem die alten RAF-Fahndungsplakate aussehen wie

Bewerbungsfotos von netten Kindergärtnern. Dass Lionel Messi wegen Steuerhinterziehung bereits verknackt wurde und deutsche Nationalspieler dank ihrer findigen Steuerberater exakt dasselbe treiben wie Ronaldo, ist nebensächlich. Das Bashing gegen Ronaldo ist so erfolgreich und geht so weit, dass selbst Nicht-Fußball-Fans, die ihn nur vom Hörensagen oder Fotos kennen, Ronaldo richtig scheiße finden. »Der hat ’n Gesicht wie ’ne Schildkröte!« Hier wird der Neid mit einer solchen Lust und Wonne zelebriert, das o. g. Sprichwörter von wegen ›Neid ist Leid‹ etc. widerlegt werden. Das scheint der gesamten Fußball-Nation einen derartigen Spaß zu machen, dass hier nur noch Oscar Wilde zutrifft: »Die Anzahl der Neider bestätigt unsere Fähigkeiten.« Und genau deshalb ist nicht Müller, Reus oder Hummels Weltfußballer, sondern eben der beneidenswert (!) gut gebaute Mann aus Madeira, der keine schrillen Tattoos braucht, um cool und hip zu sein. Und wenn ich Ronaldo um sein Figürchen beneide, sollte ich lieber in die nächste Muckibude rennen und mich auf dem Crosstrainer quälen, anstatt ihn zu bashen. Oder?

Die Liste der Neid-Opfer lässt sich beliebig verlängern. Auch in der Filmbranche treibt der Neid prächtige Blüten. Til Schweiger, der erfolgreichste Filmemacher Deutschlands, lebt im Dauerkrieg mit Presse und Shitstürmern. Er wird bei Filmpreisen mit eiserner Konsequenz übergangen, er ist schlicht und einfach zu erfolgreich. Das Eingeständnis, vor Neid fast Magengeschwüre zu bekommen, kaschiert meine Branche dann elegant mit dem Vorwurf, Tils Filme seien einfach ›zu kommerziell‹. Gleiches galt für Bernd Eichinger. Er war *der* herausragende Produzent Deutschlands. Er arbeitete mit Sean Connery und Meryl Streep, machte Filme wie ›Die Kinder vom Bahnhof Zoo‹, ›Die unendliche Geschichte‹, ›Der Name der Rose‹ und ›Das Geisterhaus‹ – das muss man als aus der niederbayrischen

Provinz stammender Produzent erst mal hinbekommen. Und weil er 30 Jahre lang so unerträglich erfolgreich war, musste er bis exakt ein Jahr vor seinem Tod im Jahr 2011 warten, um dann doch tatsächlich seinen allerersten deutschen Filmpreis zu gewinnen. Für sein Lebenswerk, wohlbemerkt. Vorher waren seine Filme ›einfach viel zu kommerziell‹. Übersetzt aus dem Neid-Deutschen: kommerziell = erfolgreich = finde ich scheiße, weil ich nicht so erfolgreich bin.

Seit Eichingers Tod herrscht im deutschen Kino, was große, internationale, riskante Filmprojekte betrifft, tote Hose. Bernd war der letzte deutsche Produzent mit ›Cojones‹, wie er es selber formulierte. Oder, wie sein Kollege Saul Zaentz (›Einer flog übers Kuckucksnest‹, ›Amadeus‹ u.v.m.) ihm einmal attestierte, mit ›brass balls‹, Messing-Eiern. Die braucht man, um Filme in Eichingers Größenordnung zu stemmen. Wer nur Sultaninen in der Hose hat, kultiviert eben seinen Neid und dreht nicht Filme, sondern Filmchen. Ist ja auch bequemer und einfacher.

**Missgunst ist die kleine Schwester des Neides.
Und noch hässlicher.**
Wir Deutschen sprechen eine der differenziertesten Sprachen der Welt, also haben wir eine ganze Palette von Vokabeln, um Neid in all seinen Facetten artikulieren zu können. Die verfeinerte und noch destruktivere Form des Neides ist die Missgunst. Kommt von Gunst und Gönnen, beides überaus positive Erfindungen des menschlichen Zusammenlebens. Schade nur, dass kaum mehr jemand das Wort Gunst verwendet. Ältere Menschen reden vielleicht noch von der ›Gunst der Stunde‹. Dafür ist Missgunst umso verbreiteter. Sie besagt: »Ich will es gar nicht selber haben. Ich will nur nicht, dass der andere das hat.« Klingt zwar bescheidener, ist aber noch bösartiger als Neid, weil Miss-

gunst gar nichts mehr anstrebt, außer seine üble Gesinnung anderen gegenüber auszuleben.

Es mag eitel erscheinen, aber weil ich beim Lesen laut lachen musste, hier ein Sahnehäubchen deutschen Bashings und Niedermachens: Am 8. März 2017, also über zwei Monate *vor (!)* Erscheinen dieses Buches (ich saß in Nachtschichten und leider ketterauchend an seiner Fertigstellung), erschien der erste heftige Verriss in der Online-Ausgabe der ›Sächsischen Zeitung‹.[15] Echt jetzt? Außer meiner Lektorin und meinem Verleger hatte noch niemand auch nur eine Zeile dessen gelesen, was ich gerade schrieb. Jeder hat das gute Recht, mich zu kritisieren und negativ zu rezensieren; es ist mir so oft passiert, dass ich es mittlerweile mit Humor nehme. Aber es wäre doch nett, wenn die Kollegen Kritikerinnen und Kritiker ein Buch wenigstens lesen bzw. kennen würden, bevor sie ihre vernichtende Kritik schreiben. In diesem Fall reichte mein Name und die telegrammartig kurze Vorankündigung meines Verlages, um dieses Buch prophylaktisch schon mal in die Tonne zu kloppen.

Boris Becker hat es in einem Radiointerview mal auf den Punkt gebracht: Wenn ein Promi in den USA aus dem Auto steigt, gratulieren ihm wildfremde Leute zum Erfolg. In Deutschland steigt er aus und hört im Weggehen noch, wie jemand den Lack an seinem Auto zerkratzt.[16]

Vielleicht sollten wir doch alle nach Köln ziehen. Oder ›Mer muss och jönne könne‹ zum 11. Gebot machen und ins Grundgesetz aufnehmen. Missgunst, also anderen nichts zu gönnen, hat übrigens nichts mit Sozialneid zu tun, oder dass einer neidisch ist auf die materiellen oder immaterielle Überlegenheit des Anderen. Dazu eine kleine Anekdote:

Meerbusch ist ein wohlhabender Stadtteil von Düsseldorf. Dort drehten wir 2008 eine Folge der Serie ›Post Mortem‹, in der ich einen Rechtsmediziner spielte. Regisseur war Uwe Janson, unter dessen Regie ich in ›Udo Honig‹ später auch die Lichtgestalt ›Franz Kaiser‹ spielen und Bayrisch lernen durfte. Wir drehten auf und vor dem Grundstück einer spektakulären Architekten-Villa, deren sympathischer Besitzer uns sein Haus nicht wegen der Mieteinnahmen zur Verfügung stellte, sondern weil er so stolz auf die selbst entworfene Villa, den Garten und den Koi-Teich war und sein Werk gern einmal im TV sehen und zeigen wollte.

Die Crew baute auf, wir probten, alles ging seinen gewohnten Gang. Außer dass es, anders als sonst, ungewöhnlich ruhig war. Normalerweise gibt es bei einem Außendreh immer ein paar Zuschauer, die mal sehen wollen, wie ›das so läuft beim Film‹. Doch diesmal: tote Hose. Links und rechts nur meterhohe Hecken, hinter denen sich vornehme Villen versteckten. Wir empfanden das als durchaus angenehm, bis Uwe irgendwann »Action!« rief und Kollege Martin Feifel und ich unseren seitenlangen Dialog begannen. Plötzlich flogen von links Dreckbatzen über die Hecke. Mal kleine, mal größere. Auf alle Fälle hinterhältige. Martin und ich, beide in teuren Anzügen, gingen in Deckung, Uwe schrie: »Cut!« Da man durch die Hecken nichts sehen konnte, ging der Set-Aufnahmeleiter zum Nachbarn, um herauszufinden, was los war. Er klingelte am Tor, nichts rührte sich. Also machten wir weiter, schließlich hatten wir eine offizielle Drehgenehmigung, auch für die Licht-LKWs, Wohnwagen und die Straße. Uwe rief: »Ruhe bitte, wir drehen ... Und Action!« Martin und ich plapperten brav unseren einstudierten Text, und wieder kam Dreck angeflogen! Uwe wurde ungemütlich. Er fragte unseren Hausbesitzer, was da nebenan los sein könnte. Antwort: Der Nachbar sei ein eher unangenehmer Zeitgenosse und ärgere sich wohl darüber, dass als Drehort die Architekten-Villa und nicht der benachbarte protzige 80er-Jahre-Bunker ausgesucht wurde. Er gehe mal rüber und rede mit dem Dreck-Werfer. Wir warteten geduldig, fünf Minuten später war unser Motiv-Geber zurück. »Ihr ward ihm angeblich zu laut«, zwinkerte er uns zu, »aber es ist alles gut, ich hab mit ihm geredet. Ihr könnt jetzt drehen.« Uwe, kurz darauf: »Wir drehen. Kamera?« – »Läuft.« – »Ton?« – »Läuft.« – »Und Action!« Kaum hatten Martin und ich wieder losgelegt, wurde direkt hinter der Hecke links, von wo eben noch Dreck geschleudert wurde, ein Rasenmäher angeschmissen. Uwe hatte einen kleinen Tobsuchtsanfall, unser Villa-Besitzer und der Aufnahmeleiter rannten zum Nachbarn, wir warteten. Auffallend war, dass der Mäher nicht hin- und herbewegt wurde, sondern am selben Punkt direkt hinter den Büschen stand. Zwei Stunden lang lief das Ding, bis das Benzin alle war. Und der Besitzer war durch nichts auf der Welt zu bewegen, das Ding auszumachen. Wir änderten dann die Dispo und drehten bei fest verschlossenen Türen und Fenstern in der Villa, verloren durch den Umbau aber einen halben Drehtag. Als der dreckschleudernde Nachbar merkte, dass er nicht mehr stören konnte, fuhr er in seinem Porsche Cayenne davon, vermutlich zum Golfen oder zur Maniküre, um sich den Gartendreck seiner Wurf-Einlage unter den Nägeln entfernen zu lassen.

Da war also ein reicher Schnösel, den es störte, dass eine Filmcrew einen Tag lang in »seiner« Straße dreht. Und die Villa des Nachbarn mietet, nicht seine. Mit Drehgenehmigung der Stadt, und ohne in irgendeiner Weise belästigt zu werden. Wie unzufrieden, gelangweilt oder übellaunig muss ein Mensch sein, dass er lieber Dreck schmeißt und seinen Rasenmäher mit 90 Dezibel laufen lässt, anstatt sich mal locker zu machen, ein Mittagsschläfchen zu halten, ›Richterin Salesch‹, Eurosport oder einen anständigen Porno zu gucken? Oder einfach mal »Guten Tag« zu sagen und zuzugucken, was auch immer! Wir drehten jedenfalls belustigt weiter, hatten einen großartigen Drehtag und sahen den netten Nachbarn nie wieder. Ich vermute, er ist mittlerweile an Magengeschwüren gestorben.

Es gibt einen erschreckend simplen wie wahren Satz des Dalai Lama, den sich gewisse Mitbürger/innen per Lippenstift groß auf den Badezimmer-Spiegel schreiben und allmorgendlich vor Verlassen des Hauses dreimal laut vorsagen sollten: »There ist no reason not to be friendly.«

»Des einen Leid, des anderen Freud«

Eine weitere Verwandte von Neid und Missgunst ist Schadenfreude. Ein beträchtlicher Teil des deutschen Humors basiert auf der vielzitierten Bananenschale, auf der man so herrlich ausrutschen kann. Deutsche Comedians arbeiten bevorzugt mit dieser Technik, Stefan Raab und seine unterirdischen Witze über ein minderjähriges Mädchen und Möchtegern-Model namens Lisa Loch waren ein wahrer Höhenflug ›deutschen Humors‹, den übrigens die Briten, weltweit trotz Brexit und ihrer weiterhin miserablen Küche wohl immer noch die Nummer eins beim Humor-Export, ohnehin als ›Oxymoron‹, also Widerspruch in sich selbst bezeichnen. Interessant ist auch, dass Schadenfreude eines der wenigen deutschen Worte ist, die Eingang in den angelsächsischen Sprachschatz gefunden haben. Weitere kennzeichnende Beispiele sind ›Blitzkrieg‹, ›Angst‹, ›Weltschmerz‹, ›Weltanschauung‹, aber immerhin auch ›Kindergarten‹.

Das oben zitierte Sprichwort illustriert, wie tief Schadenfreude in unserer Kultur verankert ist. Schopenhauer bezeichnete sie als ›Kennzeichen des Bösen‹: »Der schlechteste Zug in der menschlichen Natur bleibt aber die Schadenfreude, da sie der Grausamkeit eng verwandt ist.« Sie ist der humoristische Gegenentwurf zum Slapstick eines Charlie Chaplin oder Buster Keaton. Zu John Cleese und

Monty Python. Zur gesamten amerikanisch-jüdischen Humor-Elite. Oder zur feinen Beobachtungsgabe und brillianten Wortgewandtheit eines Dieter Hildebrandt, Hanns-Dieter Hüsch, Gerhard Polt, Werner Schneyder oder Loriot. Nein, da werden Lacher nur noch auf Kosten anderer, Unterlegener, Unwissender gemacht. Und wenn das Opfer endlich am Boden liegt, wird noch nachgetreten. Großes Gelächter! Eine japanische Studie hat ergeben, dass je mehr wir eine Person beneiden, desto größer ist die Schadenfreude. Und der Münsteraner Psychologe Manfred Holodynski fand heraus: Schadenfreude wirkt psychisch entlastend, weil es zu einer Aufwertung des Selbst kommt. »Schadenfreude wirkt dadurch auch sozial regulierend, da sie den vermeintlichen Überflieger in den Augen anderer wieder auf sein menschliches Maß zurückstutzt.«[17] Womit wir wieder bei der Hochkultur des Neides wären.

Ich werde ja gern als ›Tierfreund‹, ›Tierschützer‹ oder auch ›Affenversteher‹ tituliert, was vermutlich damit zu tun hat, dass ich Dokus über aussterbende Orang-Utans, Berggorillas und die Zerstörung ihrer Habitate gedreht habe. Und ich werde regelmäßig gefragt, warum ich nicht endlich auch einen Film über Schimpansen mache, die seien doch auch vom Aussterben bedroht! Das stimmt, und ich bin ein großer Verehrer von Jane Goodall, der vermutlich größten Ikone des Natur- und Umweltschutzes und der berühmtesten Primatenforscherin der Welt. Ich werde trotzdem keinen Film über die Schimpansen drehen. Der Grund: Sie sind dem Menschen einfach zu ähnlich. Sie sind nicht nur aggressiv, führen Kriege und vergewaltigen ihre Weibchen, sie lachen sich auch kaputt, wenn einer ihrer Artgenossen beim Herumturnen vom Baum fällt. Sie sind genau solche schadenfreudigen Arschlöcher wie wir. Zum Trost: Wir sind offenbar nicht der einzige evolutionäre Irrtum der Natur.

Ich würde im Übrigen schamlos lügen, wenn ich behaupten würde, nicht selbst gelegentlich aus Schadenfreude schallend zu lachen. ›Pleiten, Pech und Pannen‹, ›Versteckte Kamera‹ u.ä. Späße hab ich schon als Kind mit großem Vergnügen geguckt. Wenn im Unterhaltungsprogramm angelsächsischer Airlines ›Just for Laughs‹ läuft, freu ich mich auch jedes Mal. Als George W. Bush von seinem Segway oder Mountainbike fiel, konnte ich mir zugegebenermaßen ein Grinsen nicht verkneifen. Mea Culpa. Als er mit einem umgedrehten Buch beim Lesen geknipst wurde oder in feldherrischer Pose mit einem Fernglas vor den Augen, auf dem die Schutz-Kappen noch drauf waren, hab ich laut gelacht. Auch als ›König Horst‹, offiziell bekannt als Vorsitzender der ach-so-streng katholischen Christlich-Sozialen Union, als praktizierender ›Bigamist‹ aufflog, hab ich mich diebisch gefreut. (Nur das außer-eheliche Kind tat mir irgendwie leid.) Genauso ging es mir, als Karl-Theodor Maria Nikolaus Johann Jacob Philipp Franz-Joseph Sylvester Buhl-Freiherr von und zu Guttenberg, der von sämtlichen Medien hochstilisierte Überflieger-Minister und Kanzler-Aspirant, über seine Plagiatsaffäre und Lügen stolperte. Das hatte weniger mit Schadenfreude zu tun als vielmehr mit der Tatsache, dass mir bei Seehofer die Verlogenheit und Bigotterie und bei Guttenberg seine Hybris und die hündische Hofberichterstattung der deutschen Printmedien tierisch auf den Keks gingen.

Wenn Neid, Missgunst und Schadenfreude so richtig satt im deutschen Dreiklang erschallen, überkommen einen gelegentlich Gelüste, an Orte auszuwandern, wo Anerkennung populärer ist als Neid. Wo man sich über Glück oder Erfolg eines anderen freut. Wo anstatt Neid schlicht Bewunderung praktiziert wird. Und wo Menschen aufgrund ihrer Mundwinkel keinen Kopfstand machen müssen, um ein Lächeln in ihr Gesicht zu zaubern. Vielleicht ist das einer der Gründe, warum kein Volk der Welt so viele Fernreisen bucht wie wir. Wir sind seit Jahrzehnten ungekrönte Reiseweltmeister und Teilzeit-Auswanderer. Aber kaum wieder zuhause, reihen sich viele von uns gleich wieder brav in die Herde der Neidhammel ein. Und dank Verleumdung, Schlechtmachen, Shitstorm, Mobbing und Sabotage kriegen sie alles klein, was ihnen ein Dorn im Auge ist.

Good old Germany ...

Ich habe zugegebenermaßen leicht reden: Ich bin beruflich bedingt in etwa die Hälfte des Jahres unterwegs, im europäischen Ausland, in Afrika, Asien, USA und Kanada etc. Und nirgendwo ist es tatsächlich ›besser‹ als in Deutschland, es ist nur anders. Manches ist dort angenehmer, manches hier. Und auch wenn es leicht ist, an Deutschland herumzukritteln (noch so ein Volkssport, den auch ich gern betreibe): Ich finde Deutschland großartig. Gerade weil ich viel durch die Weltgeschichte reisen darf, weiß ich zu schätzen, worauf man sich in Deutschland verlassen kann: Das Sozialsystem; hier muss kaum jemand hungern, und fast jeder, der will, hat ein Dach überm Kopf. Oder das Bildungssystem; es gibt nur wenige Länder, in denen Schulen und Unis staatlich finanziert sind. Die Presse- und Redefreiheit. Unser Rechtssystem ist nicht perfekt, aber weitgehend zuverlässig. Das Land ist wirtschaftlich unglaublich gut aufgestellt und sein Gesundheitssystem ist trotz aller Mängel eines der besten weltweit.

Wir gehören zu den zwei Prozent der Welt, die das Privileg haben, in Sicherheit leben zu dürfen. Nachts durch die Städte zu laufen ist an den wenigsten Flecken der Erde eine gute Idee. Dazu muss man nicht in südamerikanische Favelas oder nach Lagos in Nigeria reisen. Schon in vielen Städten Europas ist das nur bedingt möglich. Auch in den

USA gibt es reichlich Gegenden, wo du mit deinem Auto besser nicht anhältst. Wer ›Breaking Bad‹ oder ›Straight outta Compton‹ gesehen hat, weiß, wie es in den Badlands und Armenvierteln zugeht. Die Ecken hinter dem Frankfurter Hauptbahnhof sind ein Montessori-Kindergarten dagegen. Und dass der Besuch einer Grundschule (Newtown, CT), einer Disco (Orlando, FL), eines Kinos (Aurora, CO) oder einer Kirche (Charleston, SC) in Massensterben enden können, ist nicht nur ein trauriges US-Phänomen, sondern in Ländern wie Türkei, Nigeria, Somalia, Jemen, Sudan, Irak, Syrien, Afghanistan, Indonesien, Ägypten u.v.m. an der tragischen Tagesordnung.

Und noch etwas habe ich an Deutschland immens zu schätzen gelernt: Wer nicht gerade im Vorstand von VW, Daimler, Großbanken, Rüstungskonzernen, Sportverbänden, dem Berliner Flughafen oder im Bundestag sitzt, hat mit Korruption selten oder so gut wie nie zu tun. Zumindest nicht direkt. (Natürlich mussten wir Steuerzahler die gesamten Schweinereien der Bank(st)er nach 2008 bezahlen. Und wenn Müller-Milch den Staat bescheißt oder absurde Rüstungsprojekte in Milliardenhöhe geordert werden, ohne je in Betrieb zu gehen, zahlen wir das auch.)

Aber, wer sein Auto anmeldet oder irgendeine offizielle Genehmigung vom Amt braucht, muss zwar erst mal eine Nummer ziehen und warten, aber keinen Bakschisch über den Tresen schieben. Wer mit einer Nierenkolik oder einem Kind mit durchgebrochenem Blinddarm ins Krankenhaus eilt, muss nicht erst den Arzt schmieren, um in den OP-Saal zu gelangen. Das ist einem Bekannten in Griechenland kürzlich passiert: Er musste 2000 Euro rüberwachsen lassen, damit sein Junge sofort operiert wurde.

Schmieren müssen ist in den meisten Ländern der Welt völlig alltäglich, v.a. in Osteuropa, Afrika, Asien oder Lateinamerika. Das erleben wir bei jedem Doku-Dreh in diesen

Ländern. Als wir 2010 im Kongo den Film über Gorillas drehten, tobte im Osten des Landes noch der Bürgerkrieg, der seit 1994 mehr Tote gefordert hat als der Holocaust. (Nicht dass das irgendjemand in der Welt gekümmert hätte, Ost-Kongo ist wirtschaftlich offenbar uninteressant.) Aus Sicherheitsgründen und weil es im Kongo keine Straßen mehr gab, mussten wir über Ruanda einreisen und wollten bei Goma über die Grenze. Da es mit ruandischem Kennzeichen zu gefährlich war, im Kongo herumzufahren, hatten wir für die spätere Weiterreise einen kongolesischen Fahrer namens David engagiert (von ihm habe ich ja schon beim Dreh mit Markus Strobel erzählt), ließen den ruandischen Wagen nahe der Grenze stehen und schleppten unser gesamtes Equipment zu Fuß zum Grenzposten. Der bestand aus Mauerfragmenten, Unmengen Stacheldraht, reichlich schwer bewaffnetem Militär und einer Reihe von Holzboxen, in denen jeweils ein Beamter saß und Pässe kontrollierte. Vor den Boxen standen endlose Warteschlangen, und überall kampierten Menschen mit Sack und Pack, ihre geringe Habe vor sich im Dreck. Sie warteten anscheinend schon tagelang darauf, die Grenze passieren zu dürfen. Brave Deutsche, die wir sind, stellten wir uns ans Ende einer Schlange und warteten, immer ein Auge auf Equipment und Gepäck, man weiß ja nie, in so einem armen Land ... Wir beobachteten das Procedere: Die Beamten in ihren Holzverschlägen begutachteten mit afrikanischer Ruhe jeden einzelnen Pass. Dann trugen sie handschriftlich die Pass-Daten in große Bücher und füllten die Einreiseformulare aus. Große Formulare. Auch per Hand. Das dauerte pro Vorgang in etwa eine halbe Stunde. In jeder Schlange standen ungefähr 50 Menschen, bei schwülen 38 Grad, und wir rechneten uns aus, wie lange wir wohl warten mussten, um über die Grenze zu kommen: Um eine Übernachtung würden wir hier nicht herumkommen. Ohne Zelte, mit Kamera-Equipment von gut sechsstelligem Wert, kein Hotel in erreichbarer Nähe, und überall schwer bewaffnete Soldaten, die wenig vertrauenerweckend aussahen und uns als einzige Weiße hier scheel anguckten. Ist immer mal wieder eine gute Erfahrung, dachte ich, in einer großen Menschenmenge der Einzige zu sein mit anderer Hautfarbe, da weiß man in etwa, wie sich Schwarzafrikaner bei uns fühlen ...

Wir fragten ein wenig herum und erfuhren von einem jungen Kongolesen, der sogar ein wenig Englisch sprach in dieser ehemals belgischen Kolonie, dass einige der Wartenden schon seit Tagen hier festsaßen und trotz gültiger Pässe nicht weitergelassen wurden. Afrikaner sind schwer aus der Ruhe zu bringen und haben eine bewundernswerte Geduld, wenn es ums Warten auf Bürokratie oder beispielsweise öffentlichen Verkehr geht. Uns hektischen Deutschen fehlte diese Geduld, auch weil wir drehen mussten, unser Budget begrenzt war und wir eine Woche später einen nicht umbuchbaren Rückflug von Kigali zurück nach Brüssel reserviert hatten. Wir beratschlagten, wie wir über die Grenze kommen könnten. Bis der junge Kongolese sagte »Take fast lane!« und auf eine unscheinbare, etwas abseits gelegene Bretterbude zeigte, vor der keine Schlange stand und in der, kaum sichtbar, ein Beamter saß und Zeitung las. Diese Bude hatten wir vorher glatt übersehen. »Fast Lane« stand tatsächlich handgeschrieben und kaum lesbar auf einem Pappschild, das schief an einen Querbalken der Box genagelt war. Mein Partner Markus Strobel und ich gingen hin, sagten höflich »Bonjour« und schoben unsere Pässe rüber. Der Mann legte seine Zeitung beiseite, setzte eine Ray-Ban auf, blätterte seelenruhig die Pässe durch und sagte in verständlichem Englisch: »Each twenty Dollar.« Markus und ich schauten uns an, dann zückte er als unser ›Kassenwart‹ seinen Geldbeutel, ich holte die Papiere der restlichen Crew. Legte in jeden Pass einen 20-$-Schein und zehn Minuten später waren wir mitsamt unserem Geraffel auf der anderen Seite. Das also war die ›Fast Lane‹. Ungerechte Welt: Keiner der Hunderten von Wartenden hinter uns hatte die benötigten 20 Dollar und musste weiter im Dreck kampieren, um irgendwann die Grenze passieren zu dürfen ...

In vielen Ländern ist eben alles Verhandlungssache. Wirklich alles. Wir mussten in Indonesien Polizisten schmieren, deren Ausbildung auf der Polizeischule 10.000 Dollar kostet, die aber monatlich nur 100 Dollar verdienen. Leicht zu erraten, wie die frischgebackenen Polizisten ihre Darlehen für die Ausbildung abbezahlen.

Wir sind im Chinatown von Bangkok auf der Suche nach einem berüchtigten Puff, wo man rasierte und geschminkte Orang-Utan-Weibchen in Frauenkleidern buchen bzw. bumsen kann, auf Kinderprostituierte aus dem Norden des Landes gestoßen, deren Eltern sie an irgendeinen Mittelsmann verkauft hatten, um sich Nahrungsmittel oder ein TV-Gerät leisten zu können.

Und, völlig harmlos, aber nervig: Ich habe im nordafrikanischen Raum immer wieder und wohlweislich VOR einer Taxifahrt vom Flughafen ins Hotel mit dem Taxifahrer den Preis ausgehandelt: Einen freundlichen Handschlag auf 200.000 Dirham, »On y va!« Am Ende der Fahrt will er plötzlich 600.000 Dirham, weil er angeblich einen Umweg fahren musste. Das Geld ist mir dabei egal, die Leute hier verdienen einen Bruchteil von uns. Aber das ewige Gezocke ist einfach anstrengend und ermüdend.

Theodor Fontane schrieb einmal: »Erst die Fremde lehrt uns, was wir an der Heimat haben.« Da wir Deutschen so viel und gern in die Fremde reisen, müssten wir eigentlich dankbar sein, in was für einer goldenen Blase wir hierzulande leben. Und auf welch glückselig hohem Niveau wir meckern und jammern.

Wir schaffen das nicht, oder eben doch?

Im Gegensatz zu den meisten von uns reisen Millionen von Menschen nicht freiwillig. Laut einer UN-Studie von 2015 sind weltweit in etwa 65 Millionen Flüchtlinge unterwegs, die Hälfte davon Kinder, die Mehrheit aus Afrika. Viele fliehen vor Krieg, Hunger und Armut, viele sind jetzt schon Klima-Flüchtlinge. Ich war nie ein großer Fan von Angela Merkel. Aber ihre Haltung zur Flüchtlingskrise und ihre mittlerweile tot-diskutierte Aussage »Wir schaffen das!« haben mich zutiefst beeindruckt. Wie sonst als mit solcher Zuversicht soll man eine Krise dieses Ausmaßes meistern? Dass wir die Pflicht haben, das zu tun, steht nicht nur im deutschen Grundgesetz, sondern ist fester Bestandteil der vielbeschworenen Leitkultur, die bei uns nun mal stark christlich geprägt ist. Umso erstaunlicher ist es, dass genau die Leute, die immer von ›Leitkultur‹ faseln, offensichtlich keine Ahnung haben, wofür diese Vokabel steht. Für deutschen Schlager? Helene Fischer? Die ist Russin. Für bayrische Blasmusik? Schweinshaxe, Maultaschen oder rheinischen Sauerbraten? Heino, Roberto Blanco, Nena, Xavier Naidoo, Rammstein? ›Bauer sucht Frau‹ oder ›Sturm der Liebe‹? ›Cobra 11‹? Ich hab leise Zweifel, ob die Leute von CSU, AfD und Pegida wirklich Goethe, Schiller, Bach, Beethoven, Kant, Lessing und Schopenhauer im Sinn haben, wenn sie ›Leitkultur‹ sagen. Was sie da in Wirklichkeit propagieren, ist nicht Leit-, sondern Angstkultur, weil man mit Angst so wunderbar Politik machen kann.

Die Replik von Markus Söder, dem CSU-Heimat- und Finanzminister, auf Angela Merkel: »In dieser Zeit zu sagen ›Wir schaffen das‹ ist nicht das richtige Signal.«[18] Und der oberste Christsoziale Horst Seehofer: »Den Satz kann ich mir bei bestem Willen nicht zu eigen machen.«[19] Im Klartext, ohne labernden Politiker-Sprech: »Wir schaffen das nicht, wir sind Loser!« Was sind denn das bitte für Volksvertreter, die mit so einer Grundhaltung zur Arbeit gehen? Das ist so, als würde einer einen Teamsport machen und laut ansagen: »Wir verlieren sowieso.« Oder als würde ein Porno-Darsteller an den Set kommen, sich ausziehen und dann ankündigen, er sei übrigens impotent. Der sollte besser zu Hause bleiben, oder? Das wirklich Peinliche ist, dass mit Sätzen wie »Wir schaffen es nicht!« tatsächlich Wahlen gewonnen werden können.

»Wir schaffen das!« ist das wirksamste Gegenmittel gegen Neid, Missgunst und Dauer-Pessimismus. »Wir schaffen das!« ist das Ende von Miesepetrigkeit, vom Niedermachen derjenigen, die etwas bewegen, und vom ständigen Runterstutzen aufs Mittelmaß.

KAPITEL 5

Stop making stupid people famous!

....

Elefanten haben einen gesunden Appetit, 250.000 kcal braucht ein erwachsenes Tier jeden Tag, um bei Kräften zu bleiben. Das macht im Schnitt gut 200 Kilo Grünzeug, dazu eine Badewanne voll Wasser, täglich. Um ihren Hunger und Durst zu stillen, legt eine Elefantenherde im Schnitt zehn bis fünfzehn Kilometer am Tag zurück. In Savannen und Halbwüsten, wo das Nahrungsangebot gering ist, kann die Strecke auch mal 30 Kilometer betragen. Die Herde besteht immer aus Frauen – aus ungefähr zehn Kühen, oft Schwestern und Cousinen, plus deren Nachwuchs. Für die Herde ist es überlebenswichtig, rechtzeitig auf ihrem Weg Nahrung und Wasserlöcher zu finden, Menschensiedlungen zu meiden und Angriffe auf junge oder geschwächte Tiere abzuwehren. Deshalb ist es immer die erfahrenste Elefantenkuh, die die Herde anführt.

Im Tierreich ist die Frage der Führungsposition also ganz pragmatisch und intelligent gelöst: Der oder die Klügste mit dem fundiertesten Wissen ist der Chef. So wie bei Elefanten ist es auch bei Orcas die erfahrene und besonnene Matriarchin, die den Familienverband und damit die Herde leitet. Andere Tierarten setzen auf Größe, Stärke und Entschlossenheit. Bei Gorillas zum Beispiel sind die dominanten Silberrücken die Anführer: Muskelbepackte ›Männchen‹, die zahllose Kämpfe hinter sich haben und neben denen Arnold Schwarzenegger in seinen besten Tagen aussah wie ein abgekauter Zahnstocher, bieten ihrer Gruppe optimalen Schutz und ergiebige Nahrungsflächen.

Immer besitzen die Leittiere Eigenschaften, die dem Wohlergehen ihrer Herde dienen und deren Fortbestand sichern.

Und bei den menschlichen Artgenossen?

Es ist nicht alles Gold, was glänzt

Wenn man sich in der Wirtschaft, Politik und Medienlandschaft umsieht, überkommen einen Zweifel, ob auch wir Menschen den erfahrensten und klügsten Leittieren folgen. Noch mehr fragt man sich, ob viele dieser Leittiere das Wohlergehen der Herde oder eher den eigenen Vorteil, Machterhalt und das Wohlergehen ihres Geldbeutels im Sinn haben.

Man muss nur die Zeitung aufschlagen und nachschauen, wer dort heute mit großem Foto abgebildet ist. Diejenigen, die politisch die Richtung bestimmen, sind u.a. Typen wie Trump, Putin, Erdoğan, Seehofer, Gauland, Orbán, Kaczyński usw.

Diese Männer werden von Herden gewählt, die nicht unbedingt genau überlegen, wem am besten zu folgen sei, wer dem Wohlergehen aller dienen könnte und ob konstruktives Querdenken erlaubt oder gefragt ist. In der Wirtschaft huldigen wir (vorübergehend) bevorzugt Herren wie Ackermann, Winterkorn, Zetsche, von Pierer, Wiedeking, Piëch, Wissmann, Großmann, Blatter, Beckenbauer, Maschmeyer, Jain und Fitschen, mit teils fatalen Folgen, siehe die zahllosen Skandale bei VW, Deutscher Bank, DFB, Daimler, AVD, Siemens.

Neben unseren Leithammeln aus Politik und Wirtschaft finden sich natürlich weitere vermeintliche Leitfiguren im deutschen Portfolio. 90 Prozent der Menschen, denen wir in Deutschland nacheifern, – glaubt man aktuellen Umfragen – sind Fußballer. Der Sportjournalist Ullrich Kroemer fragte einmal Günter Netzer: »Sie waren in den 1960er und 1970er Jahren der coolste Typ der Bundesliga. Wer ist heute der Trendsetter – gibt es einen legitimen Netzer-Nachfolger?«[20] Günter Netzer winkte ab: »Ich bin grundsätzlich der Meinung, dass wir arm an Persönlichkeiten sind. Das ist nicht nur im Fußball der Fall, sondern ein allgemeines Problem unserer Zeit. Und das spiegelt sich natürlich auch im Fußball wider.«

Dem kann man kaum widersprechen, obwohl es zahlreiche Beispiele gibt, die dies widerlegen können. So z.B. Benni Adrion, der bis 2008 beim FC St. Pauli spielte. Zusammen mit der Welthungerhilfe rief er 2005 das Projekt bzw. die Mineralwasser-Marke ›Viva con Agua‹ ins Leben, nachdem er in einem Trainingslager auf Kuba die Verhältnisse vor Ort gesehen hatte. Ziel seines Projektes ist die Verbesserung der Trinkwasserversorgung von Kindergärten und Schulen, vor allem in Entwicklungsländern. Begonnen wurde das Projekt in Havanna, wo bereits in mehr als 150 Kindergärten Wasserspender zur Versorgung mit sauberem Trinkwasser aufgestellt wurden. Mittlerweile agiert Viva con Agua auch in Äthiopien, Kenia, Uganda und Nepal und verschafft Millionen Menschen Zugang zu sauberem Wasser.

Oder Toni Kroos, der derzeit bei Real Madrid unter Vertrag steht. Er gründete 2015 die Toni-Kroos-Stiftung, um gesundheitlich stark beeinträchtigten Kindern und Jugendlichen sowie deren Familien Unterstützung anzubieten. Oder Neven Subotić vom 1. FC Köln, ein Ex-Asylbewerber aus Bosnien-Herzegowina, der 1999 mit seiner Familie in die USA ziehen musste, um nicht aus Deutschland abgeschoben zu werden. Auch seine Stiftung betreibt vorbildliche Kinderhilfs- und Brunnenbauprojekte, hauptsächlich in Afrika.

Ich halte es nicht nur für vorbildliches Verhalten, sondern für eine Pflicht, seine Prominenz für gute Zwecke zu nutzen. Wer Erfolg oder Glück im Leben hat, sollte dies teilen. Aber das Problem ist: Wer erfährt davon? Die deutschen Medien ignorieren das Engagement dieser Promis mit erstaunlicher Konsequenz, in Interviews oder Sportsendungen und -magazinen taucht es kaum auf.

Warum eigentlich? Lieber wird inhaltslos gehypt, Häme verbreitet, oder gemeckert. »Felix Neureuther, Sie sind schon wieder nur Zweiter geworden, was ist denn diesmal schiefgelaufen?« (Originalzitat eines BR-Sportreporters)

Als nach den Olympischen Sommerspielen von 2016 der Katzenjammer groß war, weil die deutschen Schwimmer keine einzige Medaille gewonnen hatten, postete Markus Deibler (2014 Weltrekord über 100 Meter Lagen): »In einem Land, in dem ein Olympiasieger 20.000 Euro Prämie bekommt und ein Dschungelkönig 150.000 Euro, sollte sich niemand über fehlende Medaillen wundern.«[21] Die Medien stürzten sich auf diese Aussage, Deibler sah sich scharfer Kritik ausgesetzt. Dass es wenig später eine echte Helden-Saga zu berichten gab, wurde weitestgehend ignoriert: Der Vollblut-Sportler Hans-Peter Durst kann seit einem Autounfall nur noch am Stock gehen, sein Gleichgewichtssinn ist gestört. Er nahm bei den Paralympics in Rio als Paracycler teil. Auf der 15-Kilometerstrecke brach der Sattel an seinem Hochleistungs-Dreirad ab, nach nur 500 Metern. »Das war's«, dachte der mehrfache Deutsche Meister. Doch dann klemmte er sich den lose herunterhängenden Sattel zwischen die Hinterbacken und fuhr weiter. »Das stehe ich die 14,5 Kilometer nicht durch«, dachte er, und hielt dann doch durch. Halb stehend, halb auf dem losen Sattel balancierend schaffte er es bis ins Ziel, bis zur Goldmedaille. Hut ab vor Durst, und Schande auf die Medien, die lieber über das Schwimm-Team lästern und Deibler mangelnde Sportlerehre attestieren, als über eine wahre sportliche Höchstleistung zu berichten. Und wenn die Medien nicht meckern und verhackstücken, dann jazzen sie jahrelang Doping-Orgien und ihre Stars hoch: Schwimmen, Leichtathletik, selbst die Tour-de-France, die größte medizinisch-chemische Freakshow im Profisport, wird alljährlich übertragen und bejubelt. Jahrelang huldigte man

Indurain, Ullrich, Armstong, jetzt aktuell Froome. Bis eines Tages herauskommt, mit welch brillianten neuen Tricks dieser Strampler Alpenpässe hochrast und seine Millionen macht.

Strafe für echte Vorbilder

Dass die meisten Stars im Sport gedopt sind, wird nicht nur medial unter den Teppich gekehrt, solange es irgendwie geht, sondern es will offenbar auch niemand wissen. Weder wir zuschauenden Couch-Potatoes, noch Thomas Bach oder sonstige Funktionäre und Vermarkter. Wir glauben lieber an die jamaikanische Süßkartoffel, schnittige Schwimman-züge im Hightech-Haihaut-Design oder ans ›Dehydrieren‹ vor Radrennen. Wer die Wahrheit sagt und Rückgrat zeigt, wird nicht nur hart bestraft, sondern lebt gefährlich: Wirk-lich vorbildlich hat sich die russische Leichtathletin Julija Stepanowa verhalten, zumindest nach Aufdecken ihrer Epo-Einnahme. Sie war bei Junioren-Meisterschaften über 800 Meter 15 Sekunden langsamer als die Gewinnerin. Das ist verdammt viel, wenn der Weltrekord unter zwei Mi-nuten liegt. Sie hatte die Wahl: aufhören oder vorne mit dabei sein – per Doping. Sie entschied sich für Letzteres. Der russische Nationaltrainer höchstpersönlich besorgte ihr Epo. Die Dosis bestimmt der Chef der Medizinischen Kommission des russischen Verbandes.[22]

2013 wurde sie erwischt. Obwohl alle ihr versichert hatten, dass das weder passieren könne noch würde. Sie wurde vom Verband aussortiert, die Dopingmittel wurden nun an eine andere Läuferin verfüttert, die noch unver-braucht war. Stepanowa ging an die Öffentlichkeit und ver-riet die Machenschaften. Das gesamte staatlich organisierte russische Doping-System flog nun offiziell auf, Stepanowa und ihr Mann mussten in den USA untertauchen. Natürlich hatten alle das längst gewusst, doch nun konnte niemand mehr so tun, als wären russische Doping-Vergehen Einzelfälle einer Handvoll unehrlicher Athleten. Hätte man jedenfalls meinen können. Dem IOC-Präsidenten Thomas Bach, ein Freund Wladimir Putins, gelang das Kunststück, Bestrafungen der Doper gegen die Empfehlung der WADA abzuwenden und Stepanowa – obwohl ihre Doping-Sperre abgelaufen war – erneut ein Startverbot zu erteilen. Sie durfte in Rio nicht antreten, im Gegensatz zu ihren gedopten Landsleuten. Der Grund: Ihr würde die ethische Qualifizierung für einen Start in Rio fehlen. Großartig, Herr Bach! Auf diese Begründung muss man erst mal kommen. Vielleicht sollte jemand Thomas Bach mal die olympische Charta von 1896 vorlesen. Nach deren Statuten hätte es nämlich weder in Peking noch in Sotschi Spiele geben dürfen, und die Olympiade wäre nicht zu der durch und durch korrupten Dauerwerbe-Party für Coca-Cola, McDonalds, Samsung, wechselnde Airlines und Sportartikler verkommen, die sie mittlerweile ist. Und Julija Stepanowa wäre in Rio gerannt.

Obwohl jeder weiß, dass man im Hochleistungssport ohne Doping nicht mehr erfolgreich sein kann, wie korrupt die Verbände sind, wie Olympiaden und Weltmeisterschaften vergeben bzw. erkauft werden – die TV-Quoten sind bombig, die Werbeverkäufe auch, alle Herden sind happy. Am meisten sicherlich die Doper, die genug Glück oder Geld für Ärzteteam und Drogendealer hatten, um nicht aufzufliegen. Sie dürfen ›Vorbilder‹, Stars und Großverdiener bleiben. Genauso wie Thomas Bach IOC-Boss bleibt, Infantino Fifa-Chef und Bernie Ecclestone bis Anfang 2017 überbezahlte Jungs im Kreis herumfahren und sinnbefreit Sprit und Gummi verbrennen ließ. Er hat sich trotz nachgewiesener Korruption vor einem Münchner Gericht einfach freigekauft. Und Rummenigge, nach seinem missglückten Rolex-»Import« auch bekannt als ›preußischer Uhrensohn‹, schmeißt weiterhin den Laden beim FCB und Beckenbauer bleibt dessen Ehren-Präsident. Was für ein glorioses Sortiment von Leitfiguren und Lichtgestalten ... Und die Moral von der Geschicht'? Gibt es nicht, weil mit Moral kein Geld zu verdienen ist.

Hirn aus – Roboter an

Wir Menschen haben eine echte Begabung dafür, uns an die Falschen dranzuhängen. Das typische menschliche Herdentier setzt dabei vor allem auf drei Dinge: Das Denken zu delegieren, möglichst wenig zu hinterfragen und es maximal bequem zu haben. »Ich komme ganz gut durchs Leben, ich bin halbwegs zufrieden, warum soll ich was ändern? Viel zu anstrengend. Sollen die doch mal, die in Berlin, oder Brüssel, oder ich-weiß-nicht-wo ...« In seiner Live-Version des Eric Burdon/Animals-Songs ›War‹ wiederholt Springsteen mehrfach einen so schlichten wie (lebens)wichtigen Satz: »Question your leaders.« Das scheint mir eine der wichtigsten Bürgerpflichten zu sein. Unsere ›Führer‹ und Leitmedien zu hinterfragen. Und damit meine ich weniger die von der AfD vielgescholtene ›Lügenpresse‹ als das japanische Sprichwort: ›Auch die Gegenseite hat eine Gegenseite.‹ (›The reverse side also has a reverse side.‹) Egal was wir lesen, im TV sehen, im Radio hören oder gesagt bekommen – wir sollten es hinterfragen, es gibt fast immer auch eine andere Seite, die wir bedenken sollten.

Hierzu gibt es ein interessantes psychologisches Experiment: Im Georgia Institute of Technology wurden 30 Studenten unter dem Vorwand in einen Raum gebeten, dass sie dort Aufgaben lösen sollten.[23] Nach einer gewissen Zeit schrillte auf dem Gang ein Feueralarm. Dass der nur vorgetäuscht war, wussten die Probanden nicht. Die Tür ging auf und zusammen mit ein wenig Qualm kam ein Roboter hereingerollt, der so aussah wie R2D2 auf vier Rädern.

Emergency Guide Robot stand auf einem roten Leuchtband. Der Roboter forderte die Studenten auf, ihm zu folgen. Die folgten der Maschine blind, obwohl sie von ihr nicht in Richtung Eingang, von dem sie gekommen waren, sondern in eine ganz andere Richtung geführt wurden. Bis in ein Abstellkämmerchen liefen sie dem Roboter hinterher, ganz nach der Devise: Hirn ausschalten und hinterherdackeln.

Das klingt absurd, war aber wirklich so. Und wie oft läuft unser Kopf auf Standby und automatisiert Dinge, weil es einfach bequemer ist, wie ein Lemming der Herde hinterherzutrotte(l)n?

Einfach mal aus der Herde ausbrechen lohnt sich!
Dass es auch anders geht, zeigt der Erfolg von Querdenkern wie Yvon Chouinard/Patagonia, oder der von Dr. Hauschka/Wala, einer Heilmittel- und Kosmetik-Marke. Bekanntestes Beispiel dürfte die Drogerie-Kette dm sein. Die ist, dank ihres unkonventionellen Gründers und Besitzers Götz Werner, seit Jahren Marktführer und hat nicht zufällig und unwesentlich dazu beigetragen, dass der Menschen und Mitarbeiter verachtende Schlecker-Konzern Pleite ging und dessen hässliche Billigbuden aus dem Stadtbild verschwunden sind. Götz Werners Credo: »Unternehmen sind für Menschen da – nicht umgekehrt.« dm hat eine der niedrigsten Kündigungsraten in Deutschland, schon vor Jahren flexible Arbeitszeiten eingeführt, beispielsweise für alleinerziehende Mütter, zahlt über Tarif und propagiert ein bedingungsloses Grundeinkommen. Im Zeitalter von Hedgefonds, Sozialdumping und einer immer schneller wachsenden Kluft zwischen Arm und Reich ist *dm* eine ganz und gar untypische Erfolgsgeschichte der freien Marktwirtschaft.

Götz Werner ist Anthroposoph und investiert einen beträchtlichen Teil des Konzern-Umsatzes in Bildungs-,

Nachhaltigkeits- und soziale Initiativen. Es scheint ihm ziemlich egal, ob Medien oder andere Chefs ihn dafür belächeln, ob er sich bei ihnen unbeliebt macht oder nicht. Ihm kommt es nicht allein auf Gewinnmaximierung und PR oder mediale Streicheleinheiten an, sondern darum, zur richtigen Zeit das Richtige zu tun. Für seine Firma, seine Mitarbeiter und Kunden, für Gesellschaft und Umwelt.

Aber was ist das Richtige, wenn man nicht zufällig Chef eines anthroposophischen Konzerns ist? Manchmal muss einer nicht lange darüber nachdenken. Zum Beispiel der Müllmann Bogdan Wilda, der mit seinen Kumpels Reichelt und Kuhles im Mai 2016 in Mülheim an der Ruhr auf morgendlicher Tour war. Sie schleppten gerade ein paar Tonnen aus einem Keller, als sie sahen, dass aus einem Fenster im vierten Stock ein kleiner Junge hing. Mit *einer* Hand. Die drei machten keine großen Worte. Reichelt und Kuhles eilten die Treppe rauf, um in die Wohnung zu kommen. Der etwas stämmigere Bogdan Wilda blieb unten und stellte sich unter das Fenster. Der Kleine fiel. In die Arme des Müllmanns.

Alles ist gut ausgegangen. Keine größeren Verletzungen. Der Junge heulte zwar, war aber gerettet, und Wilda und seine Kumpels waren einfach nur froh. Sie setzten sich in ihr Müllauto und fuhren ihre Schicht zu Ende.[24]

Jetzt wird jeder sagen: Klar, ein Kind muss man auffangen. Aber ob einer das dann wirklich tut, mit Risiko von Leib und Leben, oder ob er sich dann doch lieber zurückhält und später zu Protokoll gibt: »Ich hätte ja gewollt, aber ...«, das ist die Frage: Kitty Genoveses Geschichte ging anders aus. Aus der Herde ausbrechen, nicht lange überlegen und einfach handeln, das ist entscheidend. Und hat dem Mülheimer Jungen das Leben gerettet.

Ähnliches zeigt die Geschichte der ungarischen Badminton-Spielerin Laura Sárosi. Bei der Europameisterschaft

2016 im französischen La Roche-sur-Yon brach gleich zu Anfang des Matches die Schuhsohle ihrer deutschen Gegnerin Karin Schnaase. So was kommt vor. Deshalb haben Sportler immer ein zweites Paar dabei. Oder besser gesagt: fast immer. Denn die Deutsche hatte ihre Ersatzschuhe vergessen. Weil die Badminton-Regeln es verbieten, mitten im Spiel zum Spind zu laufen, hätte Sárosi das Direkt-Ticket für die Olympischen Spiele in Rio in der Tasche gehabt. Doch die 23-Jährige zögerte keine Sekunde und lieh ihrer Gegnerin die eigenen Ersatzschuhe. Und verlor das Spiel. Hat sie bereut, ihre Schuhe herzugeben? »Mein Traum war es, zu gewinnen. Aber nicht auf diese Weise«, sagte sie später in einem Interview.

Aber dabei sein ist doch alles! – könnte man jetzt sagen. Ist es eben nicht. In Bezug auf die Herde sollte man immer prüfen, ob – und, wenn ja, bei welcher Herde – man dabei sein will, wem man folgen will und wo und wann es besser ist, der Herde mal den Rücken zu kehren und sein eigenes Ding zu machen. Gemeinschaft ist wichtig und gut, sie kann Vieles voranbringen. Aber die Richtung, der ›moralische Kompass‹ muss stimmen. Dann kann Zukunft auch gemeinsam mit der Herde positiv gestaltet werden. Das wird nur leider eine naive Illusion bleiben, solange wir nicht nur ›stupid people‹ berühmt machen, sondern auch ›crooked people‹, auf Deutsch: schlicht Kriminelle. Dass Maschmeyer in einer TV-Show seinen Raubtier-Kapitalismus zelebrieren darf, dass kein einziger der Manager von VW, kein Krisen-Bank(st)er von 2008, kein DFB-Funktionär vor Gericht stand oder steht und verknackt wird, stimmt wenig optimistisch. Bohlen und Müller-Milch dürfen weiter das TV-Publikum verblöden, und Klum darf in der gefühlt hundertsten Staffel ihrer hysterischen Hungerhaken-Show die Essstörung zur Volkskrankheit epidemisieren. Die Medien (und ihre Konsumenten) feiern sie ungeniert als Erfolgsmenschen, oder genauer: als ›Pop-Titan‹ und ›Supermodel‹. Und verhelfen ihnen so zu Quote, Dauer-Präsenz, hochdotierten Werbeverträgen und höchst beunruhigender Leitbild-Funktion. Von Udo Lindenbergs Peta-Aktionen und Rea Garveys Amazonas-Engagement liest und hört man – wie gesagt – so gut wie nichts ...

One of God's good children
Woran und an wem sollen wir uns also orientieren?

Im unserem Produktionsbüro hängt über dem Schreibtisch meiner Doku-Komplizin Judith Adlhoch eine Postkarte mit dem Satz: »Stop making stupid people famous!« Sie bringt es auf den Punkt: Solange die Kardashians mehr ›follower‹ und ›likes‹ haben als sämtliche karitativen Organisationen der Welt, mitsamt ihren Protagonisten zusammengerechnet, so lange laufen wir ganz offensichtlich den Falschen hinterher, und dementsprechend kann und wird sich nichts ändern. Eine unserer Hauptaufgaben scheint zu sein, die Augen offen zu halten für die Menschen, an denen es sich zu orientieren lohnt.

Nonna, meine chronisch gutgelaunte Großmutter, formulierte es drastisch so – Jahrzehnte vor der Erfindung des Privat- und Reality-TVs (sie besaß keinen Fernseher): »90 Prozent der Menschheit sind dumm wie Bohnenstroh. Die Aufgabe im Leben ist, die restlichen 10 Prozent zu finden und sich mit ihnen zusammenzutun.« Über die Prozentzahl ließe sich vermutlich streiten, aber mit einem hatte meine Oma recht: sich nicht über die Dummen aufzuregen, sondern sich an die Klugen zu halten. Sie hatte einen entfernten, angeheirateten Verwandten in den USA, in etwa gleichaltrig und Gatte einer Cousine x-ten Grades, die Mitte der 1930er Jahre aus Deutschland emigriert war. Bei diesem Ehepaar, ihren vier Kindern und zwölf Enkeln verbrachten meine Familie und ich in den späten 60ern unsere Sommerferien. Er hieß ›Uncle Mac‹, sie ›Tante Lotte‹, sie wohnten in Upstate New York nahe der kanadischen Grenze. Mac stammte ursprünglich aus der Bronx und sprach den härtesten New Yorker Akzent, den ich jenseits von Martin Scorseses Mafia-Filmen je gehört habe. Lotte hatte auch 30 Jahre nach ihrer Einwanderung einen unüberhörbar deutschen Akzent und sagte immer »What are you sinking?« anstatt »What are you thinking?«. Die beiden hatten nicht nur ein wunderschönes Blockhaus am Lake George, sondern waren aufgrund ihrer Güte, ihres Humors und der Tatsache, dass wir Kinder am Kamin in einer uralten Pfanne so viel eigenes Popcorn machen (und essen) durften, wie wir wollten, sehr beliebt. Wenn Uncle Mac über besonders nette Menschen oder Verwandte sprach, sagte er immer: »Aaah, he/she is one of God's good children.« Keine Ahnung, warum, aber der Ausdruck ist mir immer in Erinnerung geblieben. Mac nannte diejenigen so, die für andere da sind, die ihre Mitmenschen und Umgebung nicht vergessen. Die ein Auge dafür haben, was gebraucht wird und was sie dazu beitragen können, dass es anderen gut geht. Mac war selbst so: Wenn es kalt wurde, brachte er ungebeten Pullover und Jacken für alle. Er besorgte Arbeitslosen seiner Gemeinde Jobs. Er spendete jedem Obdachlosen, an dem er vorbeilief. Er quartierte Leute bei sich ein, die gerade eine schwierige Zeit hatten, und hatte scheinbar für jeden Zeit und ein nettes Wort. Kurz nach meiner Scheidung 2001 telefonierten wir zufällig, er saß im amerikanischen Nordosten, ich im Südwesten. Er fragte, wie es mir ging, ich erzählte vom Scheidungs-Schlamassel und dem zu einer gescheiterten Ehe gehörigen Ärger und Herzschmerz. Mac hörte sich alles geduldig an und sagte: »Aaah, don't worry too much, you'll be alright. Some people just need to practice!« Danach ging es mir gut.

Uncle Mac war immer vergnügt, trank täglich ein Glas Gemüsesaft und fuhr seinen alten Cadillac de Ville, bis er

100 wurde. Dann hatte er einen kleinen Auffahrunfall, ließ den Caddy noch reparieren und verschenkte ihn an eine Organisation für Vietnam-Veteranen. Er starb 2005, im Alter von 101, während seines täglichen Mittagschläfchens nach dem Lunch. Er war ›one of God's good children‹ – denen geht es erst dann richtig gut, wenn es den anderen nicht mehr schlecht geht.

Menschen wie Mac werden nicht berühmt, sie machen still und leise ihr ›gut Ding‹. Trotzdem sind sie die perfekten ›Leittiere‹ für uns. Und wenn man sich umguckt – man findet diese Menschen, überall. Ehrenamtliche, die sich um einsame Alte kümmern; Erzieherinnen und Krankenschwestern, die trotz ihrer beschissenen Gehälter mit Herzblut bei der Sache sind; Omas, die bei Oxfam arbeiten, für gute Zwecke stricken oder bei Asylbewerber-Kindern Hausaufgaben-Betreuung machen; pensionierte Lehrer, die Flüchtlingen Deutsch beibringen; alleinerziehende Mütter, die an der Küste Beach-Clean-ups organisieren und mit den Kindern Plastikmüll einsammeln ... Es gibt in etwa 20 (!) Millionen ehrenamtlich engagierte Menschen in Deutschland, das ist eine gewaltige Herde von Vor-, Nach- und Mitdenkern, und die sind 1000-mal wichtiger als alle ›stupid famous people‹. Womit ich endlich einen meiner Lieblingssprüche loswerden kann: ›Empty cans make the biggest noise‹ – ›Leere Büchsen machen am meisten Lärm.‹ Wenn man es hin und wieder schafft, Dauerlärm und Berieselung auszublenden, liegt tatsächlich in der Ruhe die Kraft, sich richtig zu orientieren, das Richtige und Wichtige zu tun, mit den richtigen Leuten.

Was sieht eine geruhsam trabende Kuh beim Alm-Auf- oder -Abtrieb? Den sanft hin- und herschaukelnden Hintern, Schweif, Euter der Vorderkuh. Das hat etwas Meditatives, Beruhigendes. Wenn sie nicht gerade ›Yvonne‹ heißt, können sich Kühe auf ihr Leittier verlassen. Wir Menschen, wie gesagt, eher selten. Deshalb ist es klug, Leitfiguren, -Medien, Regeln zu hinterfragen. Das heißt gelegentlich innehalten, raustreten aus der Herde und gucken, wo es gerade hingehen sollte. Nur dann hat man freie Sicht, tritt nicht ständig in besagte (mentale) Kuhfladen mit ihren hysterisch surrenden Schmeißfliegen und man muss Scheiße und Gestank nicht mühsam aus den Schuhsohlen kratzen.

TEIL II
DER HELD

KAPITEL 6
Held oder Herdentier oder die Frage,
welchem Arsch ich hinterherdackeln soll

....

Seit ich darüber nachdenke dieses Buch zu schreiben, frage ich, wie eingangs erwähnt, Freunde, Bekannte und manchmal auch Fremde, mit denen ich ins Gespräch komme, ob sie Vorbilder, Helden, Idole haben und wen sie in Deutschland als ›moralische Instanzen‹ (ein spröder Ausdruck) empfinden. Nach ca. 200 Gesprächen zum Thema ist meine Studie zwar in keiner Weise repräsentativ, aber doch aufschlussreich.

Etwa einem Drittel fiel gar niemand ein. Sie sagten, dass sie grundsätzlich niemanden als Vorbild, Held oder Leitbild sehen. Ich bin mir nicht sicher, ob ich das beneidenswert oder bemitleidenswert finden soll: Diese Menschen sind sich offenbar selbst genug, sie orientieren sich an niemandem und brauchen keine Vorbilder. Um ehrlich zu sein: Diese Gesprächspartner waren die am wenigsten sympathischen. Sie wirkten eher selbstgefällig, saturiert, materialistisch und weder neugierig noch reflektiert. Und weil mich der Zusammenhang von ›Verehrer‹ und ›Verehrtem‹, simpler: von ›Fan‹ und ›Idol‹ interessierte, fragte ich auch, ob die Vertreter dieser Gruppe sich in irgendeiner Form engagieren. Die Antwort war durchweg negativ.

Bei einem weiteren Drittel fing das große Grübeln an. »Ähhh, hm, wer könnt'n das sein ...« Ist ja auch eine schwierige Frage, als Kind und später als Jugendlicher hat man eher Helden als als Erwachsener. »Also früher, da fand ich xyz cool ... Aber jetzt? (Pause) Helmut Schmidt vielleicht?« Ich wollte gerne lebende Exemplare hören und versuchte zu helfen. »Jogi Löw? Udo Lindenberg? Herbert Grönemeyer? Wolfgang Niedecken? Manuel Neuer? Jérôme Boateng und, als er noch lebte, Roger Willemsen vielleicht?« Zögern, dann Kopfschütteln, der Blick wandert umher, die Gedanken auch – diese Befragten gaben sich echt Mühe und wollten wirklich gern ein paar Namen nennen, aber es fielen ihnen nur Verstorbene ein. »Albert Einstein, Willy Brandt, Albert Schweitzer« wurden genannt. Sieht aus, als hätten wir unsere Vorbilder allesamt zu Grabe getragen. R.I.P.

Das letzte Drittel, das sich nach einigem Nachdenken für ein Vorbild entscheiden konnte, nannte mit überraschender Regelmäßigkeit immer dasselbe Trio: Joachim Gauck, Margot Käßmann und den Dalai Lama. Beim Dalai Lama erhob ich Einspruch: Der ist Tibeter und lebt im indischen Exil, weil ihn die Chinesen sonst längst in einem Folterknast hätten verschwinden oder umbringen lassen. Auch Brandt und Schmidt wurden immer wieder genannt, aber unter den Lebenden blieb es bei den beiden evangelischen Pastoren. Ich will hier nicht über Phantasielosigkeit meckern, im Gegenteil. Gauck und Käßmann stehen wie auch der Dalai Lama für die Mahnung zur Menschlichkeit, gegen soziale Ungerechtigkeit, für Nächstenliebe und Zivilcourage. Sie taugen also definitiv als Vorbilder.

Aber sobald bei meinen Gesprächspartnern die Namen Gauck, Käßmann, Dalai Lama raus waren, ruderten sie auch gleich wieder zurück. Jedes Mal. »Ja, der Gauck. Der ist schon gut, aber er ist so eitel! Und hört sich so gerne reden. Also so'n richtiges Vorbild ist der nicht.«

Echt nicht? Gauck ging zu atheistischen DDR-Zeiten als Pfarrer in Rostock von Tür zu Tür, um Leute zum Gottesdienst zu ermutigen, um seine Gemeinde zusammenzuhalten. Er hatte keine Angst vor der SED-Obrigkeit, nahm trotz Stasi-Drohungen kein Blatt vor den Mund, scherte sich wenig um Verbote und musste jederzeit damit rechnen, in einem Stasi-Knast zu landen. Der Mann hat so was von Vorbild-Potential, ob nun eitel oder nicht. Und wenn einer so verdammt gut reden kann wie Gauck, darf er sich auch selber gern dabei zuhören. Würde ich auch so machen, wenn ich dieses rhetorische Talent besäße, und es mir abends im Fernsehen gleich nochmal reinziehen.

Und seine Kollegin aus dem Westen? »Aber Moment, die Käßmann ist doch besoffen Auto gefahren. Die musste doch ihren Lappen abgeben!« Ja und?! Die gute Frau ist auch nur ein Mensch und darf doch wohl mal einen Fehler machen, oder? Aber nein, hierzulande muss man päpstlicher sein als der Papst, selbst aus einem Mini-Fussel auf der weißen Weste wird einem ein fetter Strick gedreht. (Woher kommt eigentlich diese Volksneurose, immer und überall sofort den Makel zu suchen? Damit wir nicht an unsere Mittelmäßigkeit erinnert werden?) Obwohl ich seit meiner Volljährigkeit keiner Konfession mehr angehöre, überzeugter Agnostiker bin und, wenn überhaupt, nur an die Evolution glaube, fand ich Margot Käßmann immer eine beeindruckende, kluge, engagierte Frau. Bodentief den Hut vor ihr gezogen habe ich, als die damalige Ratsvorsitzende der Evangelischen Kirche ganz offensiv und offen mit ihrer Promille-Fahrt umging. Kein Herum-Geeier, keine Lügen oder windelweichen Erklärungen, kein Versuch, ihren Fehler schönzureden. Margot Käßmann sagte einfach: »Ja, ich habe diesen Fehler gemacht, ich entschuldige mich dafür, ich werde die Folgen tragen und die Konsequenzen ziehen.« Ich wünschte, die Herren der Schöpfung würden mit ihren Fehlern und Vergehen so umgehen wie Margot Käßmann: Kaum einer unserer Minister, Bank-Chefs oder Konzernlenker wäre noch im Amt.

Und der Dalai Lama? »Der lächelt immer so lustig und der wirkt so weise.« Schrittfehler hat er offenbar auch noch nicht gemacht. Und hat den Friedensnobelpreis gewonnen. »Aber den hat der Obama ja auch gewonnen, der ist ja auch nix mehr wert.« Den Dalai Lama findet (das chinesische Regime ausgenommen) fast jeder gut, genauso wie Pandabären, Delfine und Eisbärenbabys. Der Dalai Lama ist der Knut der Weltpolitik und jedes Bücherregals. Fast jeder hat ein Buch von ihm zuhause, meist ohne es gelesen zu haben. An ihm kann man besonders gut sehen, was landläufig unter Vorbildern verstanden wird: »Das sind einfach Menschen, die jeder irgendwie gut findet«, leider ohne genau zu wissen, wofür sie stehen. Und ihnen nacheifern? Das zu praktizieren versuchen, was der buddhistische Mönch Zeit seines Lebens propagiert? Nö. Das ist den meisten von uns verständlicherweise zu anstrengend und zeitraubend: Sich mit so komplexen Dingen wie Empathie, Demut, Loslassen, Reinkarnation oder Meditation auseinanderzusetzen ist harte Arbeit, das weiß jeder, der mal versucht hat, ›The Art of Happiness‹ zu lesen. Ich geb's zu, ich habe aufgegeben, obwohl ich den Dalai Lama für eine Doku über tibetische Flüchtlinge mehrfach interviewen durfte. Egal, das geistige Oberhaupt der Tibeter finden alle ›irgendwie toll‹. Und so mancher ›Fan‹ hat den Dalai Lama im Bücherregal stehen und wählt AfD.

Auch wenn bei meinem kleinen Fragespiel immer wenig herauskommt, bin ich trotzdem ziemlich sicher, dass jeder von uns mehr oder weniger bewusst seine Idole und Leitbilder hat, auch jenseits von Comic-, Kinderbuch-, Film-Helden, Pop- und Fußball-Idolen. Aber entweder bekennen wir uns nicht zu ihnen, oder wir sind mittlerweile tatsächlich weitgehend orientierungslos. Rennen nur noch Karrieren, Geld, Freizeitspaß und Ablenkungstechnologien hinterher. Von den Herden, die den Klums, Biebers, Kardashians und anderen medien-gemachten Einweg-Promis nacheifern, soll hier nicht die Rede sein. Die sind nichts anderes als die modernere Version des ›Bravo‹-Starschnitts von ›The Sweet‹, den ich mir als Junge übers Bett gehängt habe.

In den ersten Lebensjahren sind unsere Vor- und Leitbilder meistens die Eltern, Oma und Opa, die größeren Geschwister. Die kann man sich nicht aussuchen, da haben manche mehr Glück oder Pech als andere. ›Friends are God's excuse for giving us family‹, hat Oscar Wilde mal gesagt. Aber spätestens ab dem Schulalter kommen neue Vor- (und Feind)bilder dazu. Wer Glück hat, erwischt eine tolle Erzieherin, Kindergärtnerin, Hort-Leiterin, Grundschullehrerin. Berufe, die fast ausschließlich von Frauen ausgeübt und beschissen bezahlt werden.

Warum eigentlich? Weil es ›Frauenberufe‹ sind? Bekanntlich bezahlen wir Menschen, die unser Geld verwalten, ›Finanzoptimierer‹ und ›Bankster‹ genannt, ein Vielfaches dessen, was wir denen bezahlen, die sich um unseren Nachwuchs kümmern. Und genau da fängt das Problem an. Wir sorgen uns zu Recht um die zunehmende Verwahrlosung und Armut von Kindern, nehmen aber achselzuckend die Dauerstreiks der Lufthansa-Piloten zur Kenntnis, die bei kürzerer Ausbildungszeit das zehnfache einer Erzieherin verdienen und gerne von ihrer ach-so-großen Verantwortung faseln, und kommen immer noch nicht auf die Idee, soziale Berufe sowohl finanziell als auch im Ansehen massiv aufzuwerten. Ich hab noch nie einen kleinen Jungen getroffen, der auf die Frage, was er später mal werden will, ›Kindergärtner!‹ ruft anstatt ›Pilot‹. Schade. Erzieher bräuchten wir dringender als noch mehr verwöhnte, selbstherrliche Streik-Hanseln und Billigflieger.

Mrs. Martin, das strenge Glück

Ich gehöre zu den Glückspilzen, die schon früh großartige Erfahrungen mit einer tollen Lehrerin machen durften, und habe seitdem größten Respekt vor engagierten Pädagogen, denen die Entwicklung ihrer Schüler wichtiger ist als die berufliche Sicherheit, die Anzahl an Ferientagen oder wie schnell sie verbeamtet werden. Die Frau hieß Mrs. Martin und war Mitte der 60er Jahre meine Klassenlehrerin in der ›Linden School‹, einer Public School in Pittsburgh, PA. Die Klasse war bunt gemischt, ca. ein Viertel Afro-Amerikaner, ein paar Asiaten, der Rest Weiße aller Konfessionen, sprich: mit sehr unterschiedlichen Feiertagen. Mal kamen die Baptisten nicht zum Unterricht, mal die Katholiken, Mormonen oder Juden.

Ich kam aus der Frankfurter Nordweststadt, wo gerade mal die ersten Italiener und Jugoslawen ihre Restaurants aufmachten, so für einen ersten Hauch von Multikulti sorgten und Deutschland zumindest schon mal kulinarisch langsam nach vorne brachten. Alles in den USA war neu für mich, die verschiedenen Religionen, Ethnien und Hautfarben, die Sportarten (Fußball war unbekannt), die damals gigantischen Straßenkreuzer und Supermärkte, die größer waren als der Frankfurter Hauptbahnhof. Erstes Schlüsselerlebnis war der Versuch meiner 1,53 m kleinen Mutter, bei ›Vons‹ eine Wassermelone zu kaufen. Selbst die kleinste im Angebot war so groß und unförmig, dass Mama sie nicht tragen konnte. Meine Schwester und ich hievten sie zu zweit in den Einkaufswagen, in dem mein kleiner Bruder auf den Einkäufen herumturnte, und halfen der Mutter, das kaum zu manövrierende Gefährt auf den Parkplatz zum Auto zu schieben. Selbst die ›Shopping Carts‹ waren hier doppelt so groß wie in Deutschland, bei größeren Einkäufen war meine Mutter hinter dem Wagen gar nicht mehr zu sehen, er schien wie ferngesteuert Schlangenlinien zu fahren.

Am neuesten war für mich die Sprache: Meine Eltern sprachen mittelprächtiges Schulenglisch, wir drei Kinder kein Wort, wurden aber sofort in die amerikanische Schule gesteckt. Was sich meine Eltern dabei gedacht haben, weiß ich bis heute nicht. »Das war halt alles sehr kurzfristig«, erklärte meine Mutter Jahrzehnte später. Das schien mir in Anbetracht der Tatsache, dass wir noch per Schiff von Bremerhaven aus in die USA auswanderten und eine Woche lang seekrank und kotzend nach New York schipperten, eher unwahrscheinlich. Egal.

Jedenfalls saß ich jetzt mit 25 anderen Kids in Mrs. Martins Klasse und verstand nicht mal Bahnhof. Links von mir Charles, ein kräftiger Schwarzer und Klassenclown, dessen Schulbank komplett zugekritzelt und beschmiert war, hauptsächlich mit lustigen Obszönitäten zum Thema männliche und weibliche Genitalien und deren unterschiedlichen Funktionen. Wir waren Zweitklässler, das nur am Rande. Rechts von mir William, schüchtern, freundlich, sichtlich gut er- und angezogen. Er war dunkler als alle anderen Afro-Amerikaner der Klasse und wurde später mein bester Freund. Während Mrs. Martin meine erste Mathe-Stunde abhielt (das erriet ich per Tafel-Beschriftung), guckte ich mich um. Alles wirkte auf sympathische Art chaotischer und bunter hier, die Wände voll mit Zeichnungen und Postern, das Mobiliar, die Mitschüler sowieso. Und vorne stand eine elegante Mittfünfzigerin auf hohen Pfennig-Absätzen im Bleistiftrock, mit perfekt ondulierter Sixties-Frisur, ebenso perfekt gezogenem Lippenstift, Schmetterlingsbrille mit Glitzersteinchen und goldenem Kettchen daran. In der einen Hand hielt sie die Kreide, in der anderen eine silberne Zigaretten-Spitze mit qualmender Zigarette drin. Es waren die Sechziger, und auf dem Lehrertisch stand ein großer Aschenbecher. Wenn sie sich zur Klasse wandte, sprach und rauchte sie seelenruhig; wenn sie sich zur Tafel drehte, schrieb sie mit makelloser Schrift Multiplikations-Aufgaben. Sie wirkte ernst, streng, aber auf angenehme Art ruhig und souverän.

Nach Mathe folgte ein Diktat. Verloren wie ich zwischen Charles und William saß und nix kapierte, wäre ich am liebsten nach Hause zu Mama gerannt. Warum ich brav bis zur Schluss-Klingel sitzen blieb, weiß ich nicht. Zu verschreckt, oder ein Relikt meines ersten Schuljahres auf der Geschwister-Scholl-Schule in Frankfurt: Aufstehen erst, wenn es klingelt und Frau Lehrerin es erlaubt, die zufällig 20 Jahre zuvor noch ein hohes BDM-Tier gewesen war.

Irgendwann war der erste Schultag bei Mrs. Martin vorbei, ich packte meine (unbenutzten) Sachen zusammen und guckte mich immer noch um wie im Zoo. Bis Mrs. Martin vor mir stand und mich ansprach. Sie muss etwas gesagt haben wie »follow me«, jedenfalls krümmte sie ihren Zeigefinger und signalisierte mir, ihr zu folgen. Ich landete im Lehrerzimmer, auch hier dicke Rauchschwaden. Mrs. Martin führte mich in die Ecke an einen Tisch, schob mir einen Stuhl hin. Holte ein Kinder-Bilderbuch aus irgendeinem Regal und begann, mir Englisch-Nachhilfe zu geben. Zeigte auf die Zeichnung eines Hundes und sagte langsam, deutlich und rauchig: »This is a dog.«. Nächste Seite. »This is a cat.« Blauer Dunst, nächste Seite. »This is a horse, a cow, a bird.« etc. Ich plapperte ihr nach wie ein Papagei.

Es war längst nach 16 Uhr, Amerikaner haben Ganztagsschule. Nach sieben Stunden Unterricht und Kinderlärm hatte Mrs. Martin ihren Feierabend verdient und wäre bestimmt lieber nach Hause gegangen, als mir im Lehrerzimmer Kinderbücher vorzulesen.

Sie hätte auch meine Eltern zu sich bestellen und sie bitten können, Englisch-Nachhilfe zu organisieren, damit ich in ihrer Klasse mitkomme. Sie wusste wohl, dass meine Eltern beide arbeiteten, und folgte dem amerikanischen Motto »You gotta do what you gotta do.« Also brachte sie ihrem teutonischen Neuzugang im Express-Verfahren Englisch bei. In ihrer Freizeit. Unbezahlt. Geduldig rauchend, freundlich, streng, nach jedem Schultag, eine geschlagene Stunde lang.

Kinder lernen schnell. Nach drei Monaten konnte ich bei den Buchstabierwettbewerben, die an amerikanischen Schulen so beliebt sind, mithalten, ein Jahr später war ich unter den ersten drei.

Vermutlich hätte ich auch ohne Mrs. Martin irgendwann Englisch gelernt. Irgendwie. Im Pausenhof, auf der Straße, beim Baseball. Und vermutlich würde ich mich ohne Mrs. Martin heute noch so anhören wie Arnold Schwarzenegger oder Günther Oettinger, wenn sie versuchen, Englisch zu reden.

Ich habe Mrs. Martin nicht nur zu verdanken, zweisprachig zu sein, sondern auch die Tatsache, zumindest in Amerika begeistert gern in die Schule gegangen zu sein. Das änderte sich erst, als meine Familie Anfang der 70er nach Deutschland zurückkehrte. In Pittsburgh sind meine Geschwister und ich morgens nicht in die Schule gegangen, wir sind *gerannt*. Weil es da toll war, weil Lernen Spaß machte, weil die Lehrer deine Freunde waren. Thanks Mrs. Martin, God bless you ...

Warum Mrs. Martin bis heute ein Vorbild für mich ist? Weil sie mehr getan hat, als sie hätte tun müssen. Weil sie merkte, dass Not am kleinen Mann war und sie ihm geholfen hat. Weil sie ihren Beruf ernst nahm. Weil sie nicht einfach Dienst nach Vorschrift machte, sondern Beruf als Berufung verstand. Als mein Vater ihr irgendwann dankte und ein Geschenk überbrachte, sagte sie lächelnd »That's my job«, zog an ihrer Zigarettenspitze, bedankte sich und ging.

Mehr gab es nicht zu sagen.

That's our job

Helden stellt man sich eigentlich anders vor. Rein körperlich könnte kaum ein größerer Unterschied bestehen zwischen der zierlichen Lehrerin mit der Schmetterlings-Brille und, sagen wir mal: einem 1-Meter-90-Feuerwehrmann, der in voller Montur und Axt in der Pranke in ein brennendes Haus rennt, um vier Kinder und deren Goldhamster aus den Flammen zu holen. Aber es ist ja auch nicht die breite Brust, die einen zum Helden macht, sondern das, was in ihr steckt.

›It's not the size of the dog in the fight, it's the size of the fight in the dog‹, schrieb Mark Twain, seit Teenager- und ›Tom Sawyer & Huckleberry Finn‹-Tagen einer meiner Helden.

Und genau darum geht es. Völlig egal, ob du groß oder klein, arm oder reich, jung oder alt, schön oder hässlich, dick oder dünn, einfach gestrickt oder hochintelligent bist: Jeder von uns hat das Potential und unzählige Möglichkeiten, Vorbildliches, ›Heldenhaftes‹, mehr als nur ›seinen Job zu tun‹. ›Es gibt nichts Gutes, außer man tut es‹ ist noch so ein Uralt-Spruch, der aus unserer Umgangssprache verschwunden ist, wie ›Schlüpfer‹ oder Henkelmann, Videokassette, Demut, Galanterie, Zuvorkommenheit.

Unsere Vorstellung von Helden ist geprägt von Sagen, Märchen, griechischen Tragödien, Schiller-Stücken, Romanen, Comics, Western, Action-Filmen, von ›Starwars‹, ›Superman‹ und den ›Marvel‹-Figuren. In Verruf geriet der Held durch fragwürdige und sinnlose Kriege, in Deutschland v.a. durch das Dritte Reich. Mittlerweile reden wir vom ›Anti-Held‹ vom ›tragischen Held‹ und sagen Sätze wie »Na, du bist mir ja ein Held!« Aber neutral betrachtet sind Helden stinknormale Menschen mit Ängsten und Schwächen wie alle anderen auch, die aber im richtigen Moment das Richtige tun: Sie machen das, was getan werden muss, was sie für richtig halten, ohne Rücksicht auf den eigenen Vor- oder Nachteil und darauf, was andere davon halten. Sie lassen sich auch dann nicht davon abhalten, wenn es für sie gefährlich oder mühsam wird, wenn sie Opfer bringen müssen für ihr Handeln.

Von George Bernard Shaw (wie Twain und Wilde Dauergast auf meiner Heldenliste) stammt ein brillianter Satz, der jeden Helden auf das reduziert, was er wirklich ist, nämlich ein Mensch wie du und ich: ›You cannot be a hero without being a coward.‹ (Du kannst kein Held sein, ohne ein Feigling zu sein.)

Es ist völlig wurscht, ob ein Held instinktiv aus dem Bauch heraus handelt, oder weil sein analytischer Kopf es ihm so sagt – er besitzt einen inneren Kompass, und nichts und niemand wird ihn davon abhalten, seinem Kurs zu folgen. Dieser Kompass zeigt nicht an, was die Herde oder der Rest der Welt tun oder erwarten, er zeigt an, was er von sich selbst erwartet. Mrs. Martin hatte eine klare Erwartung an sich als Pädagogin: dafür zu sorgen, dass jedes ihrer Schäfchen ihrem Unterricht folgen konnte, dass ihre kleine Herde mitkam und niemand auf der Strecke blieb, auch wenn sie ihre Freizeit dafür opfern musste. Diesen Anspruch an sich selbst nennt man Haltung. Womit wir wieder bei der komplexen medizinischen Disziplin der Orthopädie, Rückengymnastik, Nackenmassage und Voltaren wären. Wem aber die korrekte Sitzhaltung und ein sauber ausgeführter Sonnengruß als Haltung nicht reichen, der braucht Vorbilder, Orientierungshilfen, eben Helden. Wie sonst soll man seinen ›moralischen‹ Kompass entwickeln?

Ohne Menschen mit Vorbildern, Haltung und eigenem Kompass ist das Leben lebensgefährlich, wie eine kleine Auswahl an aktuellen Beispielen zeigt:

Wien, Anfang Januar 2015:
Stundenlang liegt ein Mann regungslos in einem Aufzug der U-Bahn-Station Volkstheater – mitten in der Wiener Innenstadt. Videoaufnahmen zeigen, wie mehrere Fahrgäste den Aufzug nehmen, den Mann dabei aber ignorieren. Keiner betätigt den Notruf, niemand meldet den Vor-

fall an die Stationsaufsicht oder die Polizei. Auf dem Weg zum Krankenhaus stirbt der Mann.

A2, Nordrhein-Westfalen, Ende Januar 2015:
Ein 44-Jähriger kracht mit seinem Auto auf ein Stauende. Die Wucht des Aufpralls schiebt mehrere Fahrzeuge aufeinander, sechs Menschen werden verletzt. Der Wagen des 44-Jährigen bleibt auf dem Dach liegen. Laut Polizei hatten sich die übrigen Autofahrer über den Standstreifen am Unfallort bei Schackensleben vorbeigedrängelt. Auf der Straße liegende Unfallopfer seien regelrecht umkurvt worden.

Essen, Ende Oktober 2016:
Im Oktober 2016 bricht ein 82-jähriger Mann vor dem Geldautomaten im Vorraum einer Bank zusammen. Auf den Videoaufzeichnungen ist zu sehen, wie der gutgekleidete Rentner lang ausgestreckt mitten auf dem Boden liegt. Und auch, dass vier Kunden über ihn hinwegsteigen, um an den Automaten zu kommen. Sich um den am Boden Liegenden kümmern? Den Rettungsnotdienst anrufen? »Keine Zeit.« »Geht mich nix an.« »Macht bestimmt jemand anders ...« Zwanzig Minuten liegt der Mann am Boden, bevor der fünfte Kunde endlich den Rettungsdienst alarmiert. Der Rentner stirbt einige Tage später, ohne wieder zu Bewusstsein zu kommen.

Hameln, Ende November 2016:
Ein Mann bindet einer 28-Jährigen im Hamelner Stadtzentrum ein Seil um den Hals und knotet den Strick dann an die Anhängerkupplung seines Autos. Er schleift die Frau 250 Meter über Asphalt- und Kopfsteinpflasterstraßen hinter dem Fahrzeug her, zweimal biegt er ab – mitten in Hameln. Anwohner hätten Schreie gehört. Ja, und was haben sie dann gemacht?

Sankt Peter-Ording, Mitte November 2016:

Ein Monat später eine ähnliche Szene im nordfriesischen Urlaubsziel und Kitesurf-Mekka Sankt Peter-Ording: Eine junge Frau erleidet bei einem Spaziergang einen epileptischen Anfall, stürzt und kann nicht mehr aufstehen. Sie ruft per Handy noch die 112 an, kann aber nicht genau sagen, wo sie sich befindet. Die am Boden liegende Frau bittet ein älteres Paar, ihr zu helfen. Doch die machen einen großen Bogen um sie und gehen weiter. Erst nach einigen weiteren Minuten kommt ein Mountainbiker vorbei, der endlich Hilfe leistet. Doch zu diesem Zeitpunkt ist die junge Frau schon stark unterkühlt. Sie muss mehrere Tage auf der Intensivstation behandelt werden.

Vielleicht hatten es die Passanten in Wien sehr eilig, die Autofahrer mussten zu sehr wichtigen Terminen, die vier Bankkunden haben den Mann direkt vor ihren Füßen einfach nicht bemerkt ... Vielleicht dachten sie, dass der gutgekleidete Mann auf dem Boden ein besoffener Penner sei. Aber selbst wenn, – ein Penner hat genauso Hilfe verdient wie jeder andere auch. Vielleicht hatte das alte Ehepaar am eisigen Nordseestrand Angst, dass die gestürzte Frau nur einen Trick versuchte, um sie zu überfallen. Ist bei einer einzelnen Frau gegen zwei zwar eher unwahrscheinlich und reichlich paranoid, »aber man weiß ja nie!« (Auch so ein Kack-Spruch.)

Es gibt leider unzählige Beispiele für diese alltägliche Art von unterlassener Hilfeleistung, obwohl diese in Deutschland ein Straftatbestand ist. Man macht sich also lieber strafbar, als das zu tun, was Gesetz, Anstand und menschliche Pflicht vorschreiben? Mal für ein paar Minuten den Alltagshelden zu spielen, scheint für viele schon zu viel verlangt. Aber eben nicht für alle ...

Ein weiterer Name auf meiner Heldenliste ist der Wiener Neurologe und Psychiater Viktor Frankl (1905-1997),

Begründer der Logotherapie und Autor eines Büchleins, das ich öfter verschenkt habe als irgendein anderes, das sich an einem Tag weglesen lässt und für mich ein echter Augen-Öffner war: ›Man's Search for Meaning‹ (deutscher Titel: ›... trotzdem Ja zum Leben sagen‹). Frankl verlor seine Frau, fast seine gesamte Familie und seine Freunde im Holocaust, er selbst überlebte als Zwangsarbeiter das KZ Auschwitz wie durch ein Wunder. Er sagte einmal: »Wir, die in Konzentrationslagern lebten, erinnern uns an die Männer, die durch die Baracken gingen und andere trösteten und ihr letztes Stückchen Brot verschenkten. Es mögen wenige gewesen sein, aber sie sind ein hinreichender Beweis dafür, dass man einem Menschen alles nehmen kann, mit einer Ausnahme: die letzte Freiheit des Menschen, seine Haltung in jeder Situation selbst zu wählen.«[25]

Grenzen der Orthopädie

Nichts ist schöner und inspirierender, als Menschen mit Haltung und Rückgrat zu begegnen, die keine Angst haben, Verantwortung zu übernehmen, für die es eine Selbstverständlichkeit ist, anderen zu helfen. Die *nicht* über einen Gestürzten wegsteigen; die nicht schnell weggucken, sondern hingucken, die das Prinzip des Einfädelns, der Rettungsgasse verinnerlicht haben, und zwar nicht nur im Auto-Verkehr.

Helden sind bei weitem nicht so selten, wie man befürchten möchte. Es wird nur bedauerlicherweise so ungern über sie berichtet und geredet. Die tragische und skandalöse Geschichte des Rentners in der Bank ist eben der weitaus größere Aufreger als der Mountainbiker, der einer Epileptikerin hilft.

Schade eigentlich. Aber hier ist die gute Nachricht: Stille, namenlose Helden gibt es überall. Auf jede Schock-Meldung, die uns lauthals empört, kommen hundert Mrs. Martins und Mountainbiker, die zur richtigen Zeit das Richtige tun. Sie sind plötzlich einfach da. Halten die Welt am Laufen und verhindern, dass unser schmuddeliger kleiner Planet wie Sodom und Gomorra im Chaos versinkt. Um Götz Georges Zitat über Eigensinn und Sauerstoff abzuwandeln: Für Helden ist die Luft dünn. Aber sie finden immer ihren Sauerstoff.

KAPITEL 7

»Nur Persönlichkeiten bewegen die Welt, niemals Prinzipien«[26] (Oscar Wilde)

....

There goes my hero
Watch him as he goes
There goes my hero
He's ordinary

(Foo fighters, My hero)

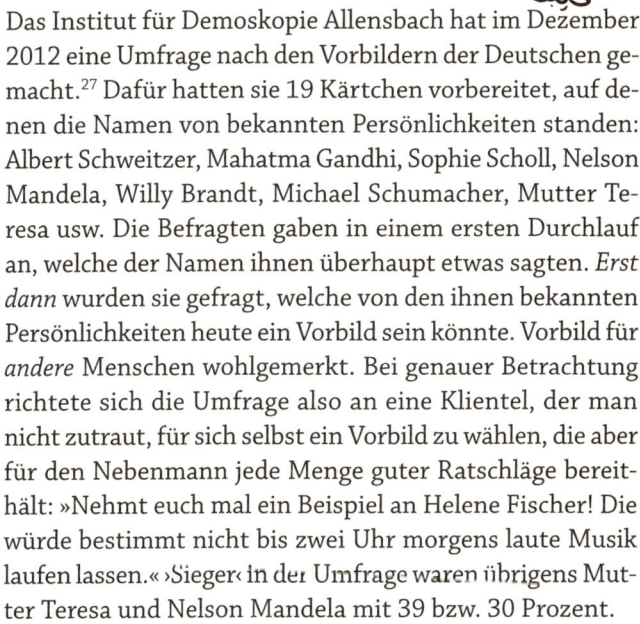

Das Institut für Demoskopie Allensbach hat im Dezember 2012 eine Umfrage nach den Vorbildern der Deutschen gemacht.[27] Dafür hatten sie 19 Kärtchen vorbereitet, auf denen die Namen von bekannten Persönlichkeiten standen: Albert Schweitzer, Mahatma Gandhi, Sophie Scholl, Nelson Mandela, Willy Brandt, Michael Schumacher, Mutter Teresa usw. Die Befragten gaben in einem ersten Durchlauf an, welche der Namen ihnen überhaupt etwas sagten. *Erst dann* wurden sie gefragt, welche von den ihnen bekannten Persönlichkeiten heute ein Vorbild sein könnte. Vorbild für *andere* Menschen wohlgemerkt. Bei genauer Betrachtung richtete sich die Umfrage also an eine Klientel, der man nicht zutraut, für sich selbst ein Vorbild zu wählen, die aber für den Nebenmann jede Menge guter Ratschläge bereithält: »Nehmt euch mal ein Beispiel an Helene Fischer! Die würde bestimmt nicht bis zwei Uhr morgens laute Musik laufen lassen.« ›Sieger‹ in der Umfrage waren übrigens Mutter Teresa und Nelson Mandela mit 39 bzw. 30 Prozent.

Ich – Ich – Ich oder ›Me, Myself and I‹

Eine repräsentative Umfrage der GfK Marktforschung Nürnberg, die im Auftrag der ›Apotheken-Rundschau‹, der Kampf-Postille der deutschen Pharma-Lobby, durchgeführt wurde, kam 2015 zu einem ganz ähnlichen Ergebnis.[28] Die eine Hälfte der Befragten (51,8 Prozent) meinte, dass Vorbilder nicht mehr in unsere Zeit passen, die andere Hälfte war offensichtlich anderer Meinung. Insgesamt 80,1 Prozent sagten, dass sie sich lieber an Werten orientieren als an Personen. Wohingegen Oscar Wilde einmal sagte: »Nur Persönlichkeiten bewegen die Welt, niemals Prinzipien«. Und natürlich hat er Recht. Wir sollten wieder mehr Wilde lesen.

Trotzdem finde ich es ziemlich egal, ob Menschen sich nach Vorbildern richten oder ob sie Werte verfolgen. Hauptsache, es sind die richtigen. Dass man da ein wenig aufpassen muss, zeigt der ›Werte-Index‹.[29] Für den werden keine Passanten befragt, sondern 5,7 Millionen Beiträge von Internetnutzern in deutschsprachigen sozialen Medien durchkämmt. Nach einem Modell des Kommunikationstheoretikers Norbert Bolz werden diese Einträge quantitativ und qualitativ einem von zwölf Werte-Begriffen zugeordnet. Das Ergebnis: Die drei wichtigsten Werte 2015 waren Gesundheit, Freiheit und Erfolg. Bolz erklärt diese Werte so:

1. Gesundheit – »Es geht darum, einen gesunden Lebensstil zu haben. Es geht um Selbstoptimierung.«
2. Freiheit – »Es geht um die eigene Freiheit, es geht um Unabhängigkeit und Selbstbestimmung.«
3. Erfolg – mehr als nur Karriere machen. »Erfolg misst sich an der Lebensqualität.«

Diskrete Frage zu 1. (Gesundheit): Warum sind wir dann Europameister im Übergewicht? Und Weltmeister der Hypochondrie? Was Arztbesuche betrifft, sind wir absolute Weltrekordler: Im Schnitt gehen wir 18-Mal pro Jahr zum Arzt (Arztreport der Barmer GEK). Zum Vergleich: Die Schweden gehen dreimal pro Jahr zum Onkel Doktor, die Amis viermal). Und wenn uns ein gesunder Lebensstil so wichtig ist, warum hocken wir dann durchschnittlich fast vier Stunden täglich vor der Glotze? Und gucken ständig Fußball, anstatt selbst zu spielen?

Diskrete Frage zu 2. (Freiheit): Warum dann der deutsche Verbotsschilder-Wald? Warum diese geradezu erwürgende und erstickende Bürokratie? Die Obrigkeits-Hörigkeit und das Hierarchie-Denken? »Ja Chef, nein Chef ... Da muss ich erst mal den Chef fragen.« Und wo bleibt dann bitte die Marihuana-Freigabe für Volljährige? Wir dürfen als Teenager Schnaps saufen, aber als Erwachsener eine Tüte zu bauen ist strengstens verboten?

Diskrete Frage zu 3. (Erfolg/Lebensqualität): Welche Lebensqualität? Bei unserem statistisch belegbaren Pessimismus, der am Versicherungswahn ablesbaren Ängstlichkeit? Oder ist mit ›Lebensqualität‹ die Tatsache gemeint, dass nirgendwo auf der Welt so viele ›Premium-Fahrzeuge‹ gekauft werden wie in Deutschland? Und nirgendwo Fleisch so billig ist wie bei uns?

Man könte die oben genannten Top 3 des ›Werte-Index‹ im deutschsprachigen Raum auch so zusammenfassen: Ich – ich – ich. Und wir wundern uns über Ellbogengesellschaft und soziale Kälte? Über Bankkunden, die ungerührt über einen bewusstlosen Rentner hinwegsteigen, um am Bank-Automaten das zum Shoppen benötigte Bargeld zu ziehen?

Der Dalai Lama zitiert bei seinen Vorträgen gerne eine US-Langzeit-Studie, in der die Probanden nach zwei Kriterien ausgesucht und entsprechend in zwei Gruppen aufgeteilt wurden: Diejenigen, die eher die Worte ›me, myself and I‹ verwendeten (Gruppe 1), und diejenigen, die eher ›us, we, you‹ sagten (Gruppe 2). Das Ergebnis war erstaunlich: Gruppe 1 litt doppelt so häufig an Herzkrankheiten wie Gruppe 2, hatte eine um sieben Jahre kürzere Lebenserwartung und war wesentlich unzufriedener als die ›Wir und uns‹-Gruppe. Die Erklärung: Wenn Gruppe 1 Stress oder Krisen erlebte, litt sie stärker darunter als Gruppe 2, weil keine Diffusion des Problems stattfinden konnte; die Krise rollte frontal auf den Einzelnen zu, er hatte das Gefühl, alles allein meistern zu müssen, und schüttete höhere Mengen an Stress-Hormonen aus als Vertreter von Gruppe 2. In dieser wurde der ›Impact‹, die Last der Krise, sofort und automatisch kollektiv auf mehrere Schultern verteilt und damit ihre Wirkung reduziert. Eine zweite Studie untersuchte den Effekt von sozialem Engagement auf die Teilnehmer. Das Ergebnis war fast identisch: Die Engagierten waren gesünder, zufriedener und lebten länger als die Teilnehmer, die sich nicht engagierten. You get what you give. Caring is sharing, sharing is caring. Give and take. Schenken macht reich. Wie du in den Wald hineinrufst, so schallt es heraus … Es gibt unzählige Sprüche zum Thema. ›Ich!‹-Bezogenheit ist also nicht nur asozial, sie schadet auch der Gesundheit. Warum ist Egoismus trotzdem so verbreitet, wo doch Gesundheit der Spitzenreiter unseres Werteindex ist? Weil die ›Apothekenrundschau‹ und die Pharma-Konzerne, die sie finanzieren und diktieren, ihren Lesern suggerieren, dass es gegen jedes Gesundheitsproblem eine Wunderpille gibt? Die gegen asoziales Verhalten muss leider erst noch erfunden werden.

Während der Dreharbeiten zu einem US-Action-Streifen, den ich in Vancouver B.C. drehte, besuchte ich dort das ›First Nations‹-Museum. So heißen in Kanada die indianischen Bewohner des Landes. Neben den Exponaten indigener Lebensart, Kultur, Kunst, Kleidung, Riten, Religion etc. gibt es dort faszinierende Berichte und Studien über die Stämme von British Columbia im Westen Kanadas. Ich las dort über einen Brauch, der so genial ist, dass ich mich wundere, dass in der Geschichte der Menschheit keiner auf die Idee gekommen ist, ihn zu kopieren: Einige pazifische

Indianerstämme, z.B. das Volk der ›Squamish‹, führten ihre Kriege gegeneinander nicht mit Waffen, sondern indem sie sich mit Geschenken ›bekriegten‹ bzw. überhäuften. Zwei verfeindete Stämme trafen sich und verglichen, wer mehr Geschenke (Nahrungsmittel, Felle, Pelz, Schmuck, Spiegel etc.) mitgebracht hatte. Der Stamm mit mehr Geschenken war Sieger und unterwarf den gegnerischen ›Tribe‹. Und diese Kulturen hat der weiße Mann als vermeintliche ›Barbaren‹ vernichtet? Wie dumm. Nun wurden Kanada und USA leider von Osten her besiedelt, und dort gab es bekanntlich nicht nur friedliche, sondern auch blutrünstige ›Rothäute‹, die nicht mit hübschen Geschenken aufwarteten, sondern mit Giftpfeil und Skalpier-Messer.

Trotzdem wäre es interessant zu sehen, wie Kriegsverbrecher wie Putin, Erdoğan, Assad, Umar al-Baschir reagieren würden, wenn die UNO diese Form der Kriegsführung einführen würde. Putin und al-Baschir würden Wodka, Öl und Gas verschenken, Erdoğan Biobaumwolle, T-Shirts und Döner, Assad würde Ärzte-Teams mitbringen. Die Welt wäre eine einzige Peace-Party, die Geschenkartikel-Industrie würde explodieren und die Rüstungsindustrie dichtmachen. Klingt, als hätte man was geraucht, das ist mir bewusst. Womit wir wieder beim in Deutschland so gefürchteten Marihuana wären, das vermutlich leider weder Putin, Erdoğan, Assad noch al-Baschir konsumieren, die Squamish-Indianer aber umso lieber. ›Gefährliche Einstiegsdroge‹, echt? Schon mal von einem Kiffer gehört, der nach einem Joint seine Frau und Kinder verprügelt hat? Ich nicht. Was ich über Alkohol-Konsum leider nicht behaupten kann. Vielleicht wäre der Stock im bundesrepublikanischen Hintern ein Stück kürzer, wenn wir uns gelegentlich mit Hilfe von Gras locker machen, entschleunigen und entspannen würden.

Zu unser aller Glück gibt es auf jeden Ich-Ich-Ich-Vertreter unserer Gesellschaft einen, der anders tickt. Und wenn ich im Leben etwas gelernt habe, ist es, immer und überall die Zeitgenossen zu suchen und sich an die zu halten, die lieber ›wir‹ als ›ich‹ sagen, die genauso gern und oft geben wie nehmen und aus diesen Gewohnheiten eine Haltung gemacht haben. Getreu dem Motto ›Wer suchet, der findet‹, oder besser: ›Auch ein blindes Huhn findet mal ein Korn‹ bin ich immer wieder solchen Menschen begegnet. Manche habe ich nur wie Leuchttürme aus der Ferne gesehen, andere haben mir als Vorbilder oder Mentoren auf die Sprünge geholfen.

Mein Vater war Mikrobiologe, Workaholic, unglaublich diszipliniert und chronisch überarbeitet. Wenn er zum Abendessen mal zuhause war und nicht im Labor arbeitete (oder dort auf einer alten Army-Pritsche übernachtete), schlief er mit nach vorne geneigtem Kopf regelmäßig am Tisch ein und seine Suppe wurde kalt. Er war groß und kräftig, und er war jähzornig. Sein Humor war rabenschwarz, mit seinem Sarkasmus und Zynismus konnte ich mich erst als Erwachsener anfreunden. Auch mit seiner Wissenschaftsgläubigkeit tat ich mich schwer. Er war leidenschaftlicher Wissenschaftler, und diese Begeisterung konnte ich nicht teilen. Nicht, weil ich nicht wollte, sondern genetisch nicht dazu disponiert war. Meine Mutter war Musikerin und naturwissenschaftlich ähnlich untalentiert wie ich. Mathe, Physik und Chemie waren meine Hass-Fächer, ich musste schon als Zehnjähriger zur Mathe-Nachhilfe und schrieb trotzdem eine sechs nach der anderen. Sehr zum Leidwesen meines Dads.

Wir hatten auch sonst diametral entgegengesetzte Interessen und konnten als Vater-Sohn-Gespann lange nichts miteinander anfangen. Das eskalierte in meiner Pubertät so, dass wir kaum miteinander redeten und ich ihm aus dem Weg ging, soweit es irgend möglich war. Sport war für ihn etwas für Gehirnamputierte, alles, was nicht klassische Musik war, nannte er ›grauenhaften Lärm‹, ›Dschungel-Musik‹, oder ›akustische Folter‹, Kino war seichte Unterhaltung, Fernsehen machte dumm und Reisen tat man nur für Kongresse oder Gastvorträge. Trotzdem wurde er in vielem ein Vorbild für mich.

Mein Vater hatte keine Ahnung von Geld, es interessierte ihn nicht. Er hätte in der Pharma- oder chemischen Industrie reich werden können, fummelte aber lieber in seinem weißen Kittel in Labors ohne Tageslicht an der Entschlüsselung von Protein-Molekülen. Das führte dazu, dass unsere Familie zwar immer genug Geld zum Leben hatte, aber auf bescheidenem Niveau. Wir hatten kein Auto, und erst als es in den USA nicht mehr ohne ging, machte mein Dad widerwillig den Führerschein und kaufte einen gebrauchten alten VW Käfer in karminrot. In dem tuckerten wir zu fünft zwischen amerikanischen Riesenschlitten durch Pittsburgh. Bis ins Teenager-Alter teilten meine Geschwister und ich uns ein Kinderzimmer. Es wurde gegessen, was auf den Tisch kam, und erst aufgestanden, wenn der Teller leer war. Was dazu führte, das ich zwei Stunden nach Beendigung der Mahlzeit mutterseelenallein und stur wie ein Bock immer noch vor Spinat- und Wirsing-Resten saß, die ich ums Verrecken nicht essen wollte. (Dinge ändern sich, heute lebe ich fast ausschließlich von Gemüse.) Trotzdem fehlte es uns an nichts, und weil das so war, gab mein Dad immer viel zu viel Trinkgeld, legte in jeden Hut eines jeden Obdachlosen Geld und spendete an mehr karitative Organisationen, als ich mich erinnern kann. Er war immer politisch engagiert, erst vehement gegen Richard ›Tricky Dick‹ Nixon, später in Deutschland für Willy Brandt.

Als Junge war mein größter Wunsch eine elektrische Eisenbahn. Aber die war zu teuer, und den nötigen Platz hatten wir auch nicht. Das änderte sich, als ich zwölf war: Mein Vater war ein so überzeugter Sozialdemokrat und

Brandt-Anhänger, dass er mir eine kleine Spur N-Eisen-bahn versprach, sollte Willy die Bundestagswahl gegen die ›ewig gestrigen‹ braunen Relikte in der CDU und deren Geg-ner seiner Entspannungspolitik gewinnen. Brandt gewann, und ich bekam nicht nur meine ersehnte Eisenbahn und fand Willy ab sofort absolut super, sondern durfte zusam-men mit meinen Dad eine ganze Alpenlandschaft für sie bauen. Es war die schönste Zeit, an die ich mich mit ihm erinnern kann: Aus Kaninchendraht und Pappmaché ent-stand über Monate hinweg und in minutiöser Feinarbeit das Matterhorn, ein Tunnel, ein Alpensee und Bergdörfer mit Faller-Häuschen, Weidezäunen aus Streichhölzern und Bäumen aus getrocknetem Moos. Die Mini-Dampflok rat-terte fortan jahrelang durchs naturgetreu bemalte Gebirge, auch nach Brandts (heute kaum mehr denkbaren) Rücktritt nach der Guillaume-Affäre. Mein Vater wählte, dachte und handelte nicht nur sozial, er sorgte auch bei seinen Kindern dafür, dass sie einen ausgeprägten Gerechtigkeitssinn ent-wickeln konnten.

Als er einmal in New York zu tun hatte, nahm er die ganze Familie mit, um uns die ›Stadt der Städte‹ zu zeigen. Wir machten eine Hafenrundfahrt, kletterten auf die Sta-tue of Liberty, besuchten die Aussichts-Terrasse des damals höchsten Gebäudes der Welt, dem Empire State Building, und besichtigten die Wall Street. Wir Kids waren begeis-tert. Anschließend fuhren wir mit der U-Bahn zur Bowery in Lower Manhattan. Dort zeigte uns Dad die Kehrseite des American Dream: Hier lebten Hunderte völlig verarmter, verwahrloster Menschen in Papp- und Umzugskartons, durchwühlten die Mülleimer der nahegelegenen Straßen nach Essensresten und verrichteten ihre Notdurft für je-den sichtbar in die Gullys der Straße. Wir Kinder waren geschockt, eine solche Armut hatten wir noch nie gesehen. Ich erinnere mich, dass meine Schwester und ich danach nicht schlafen konnten (mein Bruder war noch klein) und tagelang mit meiner Mutter über nichts anderes redeten. Sie erzählte uns, dass unser Vater in der Nähe der Bowery einmal überfallen und ausgeraubt worden war und dass sie eigentlich strikt dagegen war, uns Kindern diese elende Gegend zu zeigen. Aber ihr Gatte bestand darauf; erstens war Angst für ihn ein Fremdwort, zweitens hielt er den Besuch der Bowery für pädagogisch wichtig: Vor Menschen und Dingen, die man gesehen hat, kennt, versteht, hat man weniger Angst. Unsere Mutter gab nach und erklärte uns später in der U-Bahn, woher die Menschen der Bowery wohl kamen, was ihnen widerfahren oder vorenthalten worden war, warum so viele von ihnen Schwarze waren und was es mit der Geschichte der Sklaverei auf sich hat. Für uns Kinder war es schwer zu verstehen, warum dunklere Hautfarbe eine so große Rolle spielen sollte, wir saßen in unseren Klassenzimmern ja täglich mit ihnen zusammen. Und mein Banknachbar William, Sohn einer alleinerziehenden Krankenschwester mit Schichtdienst, war fast jeden Tag nach der Schule bei uns und aß mit uns zu Abend. Dass ich in Amerika zur ersten Generation gehörte, die aus demselben Trinkbrunnen trank wie Schwarze, ins gleiche Schwimmbad ging, neben ihnen im Bus saß, wurde mir erst Jahre später klar.

Als im Frühjahr 1968 zuerst Martin Luther King und wenig später Robert Kennedy erschossen wurden, kam es landesweit zu schweren Rassenunruhen. Schwarze fuhren durch die Straßen der Großstädte und schossen wahllos auf Weiße. Auch in Pittsburgh wurde eine Ausgangssperre verhängt, die es nach 17 Uhr untersagte, auf die Straße zu gehen. Ich war acht Jahre alt und spielte normalerweise jeden Tag nach Schulschluss mit meinen Kumpels draußen Baseball. Und plötzlich mussten wir im Haus bleiben, weil Schwarze auf Weiße ballerten? Spinnen die, warum machen die das? Unsere Eltern machten einen großartigen Job, uns zu erklären, warum man die Wut, Verbitterung und Enttäuschung der Schwarzen verstehen musste und der Verzicht darauf, Baseball zu spielen, zu akzeptieren war.

Wie bereits erwähnt, war die Körpergröße meiner Mutter überschaubar. Um mit meinem Vater mitzukommen, musste sie exakt zwei Schritte tun, wenn er einen tat, was von hinten immer ein wenig aussah wie ein Comic-Strip. Und trotzdem war sie ein mindestens genauso großes Vorbild wie mein Dad: Zeit ihres Lebens führte sie ein ›open house‹. Sie betrieb in unserem Zuhause eine Art ›Hotel Garni‹, beherbergte und bekochte monatelang geflüchtete Wissenschaftskollegen meines Vaters aus dem Ostblock, eine seiner Assistentinnen, die von ihrem Mann verprügelt wurde, ausländische Studenten, wenn sie kein Geld oder keine Bleibe hatten, Forschungskollegen aus aller Herren Länder und Familienmitglieder, egal wie entfernt (wenn überhaupt) verwandt und aus welchem Erdteil sie gerade angetingelt kamen. Daneben arbeitete sie als Klavierlehrerin, in einer Bibliothek für Kinder und Jugendliche, betreute Asylbewerberkinder und war bis in ihre frühen 80er für Amnesty International und andere NGOs aktiv. Man kann definitiv mit schlechteren Vorbildern aufwachsen als meine Geschwister und ich. Und weil der Teufel bekanntlich auf den dicksten Haufen scheißt, hatte ich schon bald nach Verlassen unseres ›open house‹ das Glück, auch außerhalb der Familie auf ›Leuchttürme‹ zu treffen.

Wenn Schimmi fegt ...

»Die Deutschen wollen keine Helden. Die wollen einen abstürzen sehen.« Dieser Satz stammt von Götz George. Ich kann ihn leider nicht mehr fragen, ob er dies auf reale Menschen oder Film-Figuren bezog. Vermutlich auf beides. Es gibt im Gegensatz zum amerikanischen im deutschen Film kaum Protagonisten mit Heldenpotential. Amerikaner wollen auf der Leinwand Menschen und Ereignisse sehen, die ›larger than life‹ sind. Sie wollen Dinge erleben und Charakteren folgen, die ihnen im realen Leben nie begegnen würden. Bei uns will man eher Figuren sehen, die man auch morgens an der Straßenbahn-Haltestelle treffen könnte, und Situationen verfolgen, die jeder von uns kennt oder meistern würde. Zum Beispiel Sätze sagen wie: »Wo waren Sie gestern um halb 10? Haben Sie ein Alibi?« Womit 80 Prozent aller deutschen TV-Plots beschrieben wären. »Ich war zuhause und hab' Tatort geguckt, Herr Kommissar.« – »Aha. Hier ist meine Karte. Falls Ihnen noch was einfällt, rufen Sie mich an.« Mit diesen existenziellen Texten kann man als Schauspieler in Deutschland erfreulich viel Geld verdienen.

Weltberühmte Zitate wie ›Nobody's perfect!‹, ›You want a friend? Buy a dog!‹, ›You talkin' to me?‹ oder ›Happiness is only real when shared‹ stammen nicht aus hiesigen Filmen. Umwerfende Frauen im Film? Müssen auswandern, schon seit Marlene Dietrich oder Romy Schneider. Gut aussehende coole Jungs? Spielen in Seifenopern oder Teenie-Klamotten. Brad Pitt? ›So'n Schönling.‹ George Clooney? ›Der ist doch schwul.‹ Durchschnitt ist gefragt, Mittelmaß.

Umso erstaunlicher, was für eine Karriere Götz George hingelegt hat, und das fast 60 Jahre lang. Fragt sich, wie er das geschafft hat. Er war anstrengend, nachtragend, empfindlich, rast- und kompromisslos. Für jede Szene, die auf der Tagesdispo stand, hatte er zehn Varianten vorbereitet. Und wollte jede einzelne ausprobieren, egal wie absurd das Tages-Pensum war. Einfach vom Blatt spielen oder runterkurbeln? Nicht mit Götz.

Beispiel: ›Zabou‹, der zweite Kino-Schimanski, Mitte der 80er. Ich spielte einen halbseidenen Zuhältertypen, den Schimmi dringend zur Strecke bringen will. Drehort ist das Konferenzzimmer eines Hotels im Ruhrgebiet. Zentrum des Raums ist ein riesiger, glänzender Konferenztisch, ca. 8 x 4 Meter. Ich sitze mit meinen kriminellen Luden-Kumpels am Kopf des Tisches, Blick über den Tisch hinweg zur Tür und bespreche wichtige (krumme) Geschäfte. Erste Probe. Schimmi stürmt herein, will mir sofort an die Gurgel. Der Regisseur unterbricht. »Stopp!« Er schlägt vor, in aller Ruhe um den Tisch zu tigern und mich dann zu packen. Das findet Götz lahm, langweilig, unspektakulär. Er will die Tür aufreißen, seinen Erzfeind entdecken und mich dann per Hechtsprung über den endlosen Tisch direkt zu Boden reißen und fertigmachen. Das findet der Regisseur widerum Kacke: unsouverän, übertrieben, zu sehr Action-Held. Ich sitze am Tisch und warte. Betrachte den Tisch und überlege, ob die Distanz mit einem Sprung bäuchlings zu schaffen ist, selbst wenn man ihn mit Schmierseife traktieren würde. Ich kenne Götz seit ›Abwärts‹ und weiß, wie höllisch fit er ist, habe aber trotzdem leise Zweifel. Geschlagene 20 Minuten diskutieren die beiden jetzt, ob Schimmi nun Äktschn machen soll oder cool bleiben. Götz wird immer wütender, so überzeugt ist er von seiner Variante.

Ich hebe vorsichtig den Finger. »Entschuldigung?« Beide glotzen mich an. Was will der Pimpf denn jetzt? Zaghaft schlage ich vor, Götz' Variante einfach mal auszuprobieren? Der Regisseur verdreht die Augen und seufzt, Götz nickt begeistert. »Sag ich doch! Lass es mich wenigstens mal probieren!« Probe, »Und bitte!« Götz reißt die Tür auf, durchbohrt mich mit seinen Augen, nimmt Anlauf und fliegt durch die Luft, direkt auf mich zu, wie Superman. Landet in hohem Bogen auf dem riesigen Tisch, Rumms, rutscht quietschend noch einen halben Meter auf dem Bauch und bleibt ziemlich genau in der Mitte der Tischplatte liegen wie ein gestrandeter Fisch oder besser: abgestürzter Riesenkäfer, gefühlte Meilen von mir in meinem schicken Boss-Anzug entfernt. Noch bevor der Regisseur »Siehst'e? Sag ich doch!« rufen kann, kriecht Schimmi vom Tisch und nuschelt gefährlich ruhig: »O.k., der Tisch ist zu lang. Aber ich hab noch 'ne andere Idee.« Die wurde später gedreht und sah so aus: Er öffnet die Tür, sieht mich, bleibt seelenruhig stehen. Fixiert mich. Geht wie in Zeitlupe los, um den Tisch rum, auf mich zu. Fast gemütlich, denke ich, und schenke ihm mein arrogantestes Luden-Lächeln. Ab Mitte des Tisches wird er plötzlich schneller, dann so schnell, dass ich es mit der Angst kriege, packt mich an der teuren Seiden-Krawatte, und zieht mich so nah zu sich ran, dass ich sein Aftershave rieche. »Cut!« Der Regisseur ist begeistert, weiter geht's, Close-ups ...

Für diese Spielwut, diese Leidenschaft zu arbeiten, auszuprobieren, zu verwerfen, ständig was Neues zu versuchen, war Götz berühmt. Das Publikum hat es ihm gedankt, eine so populäre Figur wie Schimanski hatte es im deutschen Film noch nie gegeben und wird es nie wieder geben, egal, wie viele Tatorte sich die Kreativen der ARD noch ausdenken.

Bei vielen Produzenten, Regisseuren und v.a. Kollegen war George weniger beliebt. Und das hatte seinen Grund. Seine Mischung aus preußischer Disziplin, Perfektionismus und Spiellust war teuer (weil zeitraubend) und v.a. anstrengend. Er schrieb Dialoge zigmal um oder strich sie ganz. Ein Regisseur sagt: »Danke, Götz, wir bauen um!«, obwohl der Take nur zu 90 Prozent in Ordnung war? Schlechte Idee. Götz: »Nee. Das war's noch nicht. Das machen wir noch mal.« Und dann wurde es noch mal gemacht. Und noch mal. Und noch mal. Und noch mal. Der Rekord, den ich mit ihm erleben durfte, waren sechzig (!) Takes. Bis zur Erschöpfung. Er konnte nicht anders, er wollte und musste es richtig machen, Pfusch und Schlamperei waren ihm ein Gräuel. Und Anecken war ihm ›shit-egal‹, wie er zu sagen pflegte.

Regisseure, die nicht wussten, was sie wollten, schlecht vorbereitet waren, schon am Nachmittag mit der Bierflasche hinterm Monitor saßen oder sich gerne mal die Nase puderten, hatten wenig Spaß mit ihm. Schauspielkollegen, die ihre Markierung nicht trafen oder ihren Text nicht konnten, noch viel weniger. Da wurde er biestig. Eine Diva also? Im Gegenteil. Es war seine Haltung, sein Arbeitsethos, das ihn so großartig kantig machte. Ich habe von wenigen Menschen so viel gelernt wie von ihm und wenige so bewundert wie ihn.

25 Jahre nach ›Zabou‹ drehten wir in einer Asbest-verseuchten und daher billig zu mietenden leerstehenden Fabrikhalle in Köln noch mal einen ›Schimanski‹. Er hieß »Schuld und Sühne«, es ging um den Showdown: Wie immer sind wir Kontrahenten, Schimmi und ein korrupter Bulle schlagen sich halbtot, sacken zusammen und reden blutverschmiert und desillusioniert über ihren beschissenen Job. Die Fabrikhalle war derart verdreckt und voller Müll, dass an Action-Szenen ohne Verletzung der Darsteller nicht zu denken war. Ein Requisiteur räumte Hindernisse, rostige Eisenteile und Backsteine weg, ein zweiter versuchte, mit einem Besen die Spielfläche sauber zu kriegen. Götz, mittlerweile über 70, ging alles viel zu langsam. Er wollte proben, nicht rumstehen. Auch tat ihm der junge Requisiteur leid, der ganz allein versuchte, eine bespielbare Fläche für uns zu schaffen. Also suchte er einen zweiten Besen und fing an, wie wild zu fegen und ihm zu helfen. In Nullkommanix war die Halle sauber, ein Viertel Fußballfeld. Götz stellte den Besen ordentlich in die Ecke und sagte mit größter Selbstverständlichkeit: »So. Wir können anfangen.« Für Kollegen, die sich den ganzen Tag ihre Kaffeebecher, Kräutertees und Wärmejacken hinterhertragen lassen,

ist so was eine ungeheure Provokation. Und es sagt alles über Götz' Teamverständnis. Ob Fahrer, Maskenbildner, Requisiteure – solange sie professionell ihren Job machten, gab es für ihn keine Rangordnung. George hatte als einer der wenigen Filmschaffenden hierzulande verstanden, dass jedes Teammitglied gleich wichtig ist. Perfektes Team, aber schwacher Autor? Wird nix. Tolles Drehbuch, aber langweilige Kamera, schlechte Maske? Wird nix. Tolle Regie, Kamera, Buchvorlage, aber unpünktlicher Fahrer, fantasieloser Ausstatter? Wird auch nix. Und wenn was nicht funktionierte, eine Position schwach besetzt war oder sonst etwas schieflief, machte Götz es einfach selber oder packte mit an.

Eine interessante Art, das Verhältnis von Hauptdarsteller bzw. Star und Team zu studieren, ist die sog. ›Schnapsklappe‹: Die ist fällig, wenn z.B. »22/2 die zweite!« auf der Klappe steht und auf den Hauptdarsteller geschlagen wird. Dann ist nach Drehschluss eine Team-Einladung auf Kosten des Schauspielers angesagt. In der Regel werden zwei Kisten Bier und ein paar Flaschen billiger Prosecco an den Set gekarrt und gemeinsam aus Pappbechern im Stehen vernichtet. Immer wieder erstaunlich, wie geizig viele gut verdienende Schauspieler sind. Nicht so Götz: Da wurden Tische und Stühle aufgebaut, ein italienischer Catering-Service brachte ganze Platten voller exquisiter Vorspeisen und Meeresfrüchte, Kisten voller feinem Rot- und Weißwein und Champagner. Und das Ganze wurde auf Porzellan und aus Kristallgläsern genossen. Billig-Fusel? Pappteller und Plastikbecher? Götz befand, ein Team habe Besseres, Stilvolleres verdient.

Die wichtigste Lektion erteilte George mir, ohne es zu ahnen, bei meinem ersten Film ›Abwärts‹. Ich war fest am Schauspiel Bonn engagiert, musste ständig zwischen Dreh in München und Vorstellung in Bonn hin- und herfliegen und hatte keinen Schimmer vom Film. Es war Winter, wir drehten in einer leerstehenden Kaserne, in der ein Aufzug-Schacht und eine Aufzug-Kabine nachgebaut worden waren. Alle vier Hauptdarsteller von ›Abwärts‹ wohnten im gleichen Hotel in Schwabing. Ich lernte meine erste ›Dispo‹ kennen: Mikroskopisch klein bedruckte Zettel, auf denen alles steht, was das gesamte Team über den nächsten Drehtag wissen muss, und die nach Drehschluss des vorhergehenden Tages am Set verteilt werden. Szenennummern, Motiv-Adressen, welches Requisit, Kostüm und Kamera-Equipment erforderlich ist, Arbeitszeiten etc. Ich verstand nur Bahnhof, bemerkte aber schnell, dass ein wichtiges Detail die morgendliche Abholzeit im Hotel war. Die fand ich mit einiger Mühe, stellte meinen Wecker entsprechend und ging pünktlich in die Lobby, um mit den Kollegen ins Produktionsauto zu steigen. Und jedes Mal stand George exakt zwei Minuten *vor* der Abholzeit *vor* dem Hotel auf der Straße, egal ob es schiffte, stürmte oder schneite. Man lässt einen Fahrer nicht warten, ein Team schon mal gar nicht. »Pünktlichkeit ist die Höflichkeit der Könige«, hatte mir meine Oma immer eingetrichtert. Götz war die Personifizierung dieses Sprichwortes. Umso erstaunlicher ist es, mit welcher Selbstverständlichkeit sich viele Kollegen ständig verspäten, sich gerne auch mal vom Produktionsfahrer überhaupt erst wecken lassen, dann aufstehen, duschen, ihr Drehbuch suchen und damit ein 50-Mann-Team einfach warten lassen. Für einen echten Star wie Götz waren Pünktlichkeit und Disziplin keine Überwindung oder Qual, sie gaben ihm die Freiheit, sich auf das Wichtige zu konzentrieren und so groß zu werden, wie er war.

Mit dieser Größe ging er auch. Wie er es im Sommer 2016 geschafft hat, sich in Hamburg, der Hochburg der Yellow-Press, unbemerkt zu verabschieden, und dann genauso unbemerkt in seiner Heimatstadt Berlin beerdigt zu werden, wird sein Geheimnis bleiben. Die Presse brauchte drei Wochen, um herauszufinden, wo George ruht. Er mochte sie nicht, und das beruhte auf Gegenseitigkeit. Er wollte in seinem Grab weder die verlogenen Reden eitler Produzenten hören, noch irgendwelche Paparazzi sehen, die sich im Gebüsch verstecken, um obszöne Fotos der Witwe zu schießen. Er wollte spielen, nicht mehr und nicht weniger: Uneitler, würdevoller und diskreter kann ein Schauspieler dieses Kalibers nicht gehen.

Kurz nachdem sein Tod bekannt wurde, hatte ich ein telefonisches Vorgespräch für Markus Lanz' Talkshow im ZDF. Ich war eingeladen, um eine Doku über Meeressäuger zu promoten, es ging um Plastikmüll, Überfischung, Artensterben. Zum Ende des Telefonats fragte die Redakteurin: »Herr Jaenicke, Götz George ist ja gerade gestorben. Sie kannten ihn ja, würden Sie in der Talkshow etwas zu seinem Tod sagen?« »Klar, mach ich gern«, antwortete ich. Die Redakteurin war total überrascht. Ihre Redaktion wollte ein Special zu George machen und hatte bereits 20 Schauspielkollegen angefragt: »Möchten Sie etwas zum Tod von Götz George sagen?« Nein, wollten sie nicht. Kein Einziger von ihnen. Ich war sprachlos, und das passiert mir selten.

Echten Helden ist es egal, ob sie beliebt sind oder nicht. Die wollen nicht bewundert werden, die wollen keine Streicheleinheiten, die wollen einfach ihr Ding machen, das, woran sie glauben, wovon sie überzeugt sind – so gut es irgend geht, ob das opportun ist oder unbequem. Was andere davon halten, ist ihnen ›shit-egal‹.

KAPITEL 8

»Unser Kopf ist rund, damit das Denken die Richtung wechseln kann.«[30] (Francis Picabia)

Es ist gerade mal einige Jahrhunderte her, als man noch glaubte, die Erde sei eine Scheibe. Trump-Wähler und Pegida-Anhänger glauben das bis heute. Und obwohl es mittlerweile aus dem Weltall geschossene Fotos und Filme von unserer Erde als schöne blaue Kugel gibt, leben viele von uns weiterhin so, als wäre unser Tellerrand das Ende der Welt. Trump- und AfD-Anhänger werden diese Weltall-Fotos immer als Produkte der Lügenpresse oder ›Fake News‹ verunglimpfen, sie sind fanatisch verliebt in ihren Tellerrand und verweigern genauso fanatisch jedes Blinzeln über ihn hinweg.

Aber auch anderen scheint der Blick über ihn hinaus entweder nicht machbar, unerreichbar, beängstigend oder zu anstrengend zu sein. Dabei gibt es wenig Aufregenderes, Bereicherenderes und Gesünderes, als regelmäßig Klimmzüge am Tellerrand zu machen und zu checken, wie es dahinter aussieht.

Stellt sich die Frage, wie man es schafft, seinen Horizont zu erweitern, einen Ausguck zu finden aus dem eigenen Tunnel, Kokon, Einzel-Universum, den eigenen vier Wänden, der eigenen kleinen Welt, wie immer man es nennen mag. Pragmatisch, wie er ist, rät der Dalai Lama, jedes Jahr etwas zu tun, was man noch nie gemacht hat, und jedes Jahr etwas zu tun, vor dem man Angst hat. Wem das zu kalendarisch, zu unberechenbar oder zu einschüchternd erscheint, der hat andere Möglichkeiten:

Reisen ist bekanntlich die beste Art, den eigenen Horizont zu erweitern, zumindest wenn man nicht den klassischen Pauschal- oder Club-Urlaub bucht und diesen öl-verschmiert mit Ohrstöpseln am Chlor-Pool einer All-In-clusive-Ferienanlage verbrät. Nun hat nicht jeder Gelegenheit und Geld, regelmäßig auf Reisen zu gehen. Da blieben als Nächstes Lesen und Bücher als simple Methode, auf Reisen zu gehen, ohne je seinen Sessel oder seine Couch verlassen zu müssen. Weiteres, und das ist meine persönlich favorisierte Art des stationären Globetrottens, gibt es Filme, die einem Welten zeigen, die man selbst nie wird bereisen können. Nach dem Motto ›Fernsehen macht Kluge klüger und Dumme dümmer‹ bieten Spielfilme, Dokus, Reportagen und Youtube-Filme unzählige Möglichkeiten, seinen Horizont vom Sofa oder Bett aus zu erweitern. Ich bin bekennender Doku-Junkie und Fan von Terra X, Panorama, Frontal 21, 37 Grad, Monitor, Aspekte, TTT, Auslandsjournal, Weltspiegel usw., von Sendern wie History, Discovery, National Geographic, Phoenix, 3 Sat, Arte, CNN Documentary etc., von Youtubern wie Yann Arthus-Bertrand oder Robert Marc Lehmann. Gleiches gilt für Radiosender und Podcasts, die keine akustische Folter per Chart-Hits und hysterischen, krampfhaft gut gelaunten DJs betreiben, von Bayern 2 und 5 angefangen über WDR 5 und Deutschland-Radio, Kulturradio bis zu den Inforadio-Stationen der öffentlich-rechtlichen Sender. Ich wage mal zu behaupten, dass ein guter Teil meiner Halbbildung von Bayern 2 stammt; da lerne ich, ohne meinen ehemaligen Lehrern zu nahe treten zu wollen, gefühlt mehr als in 14 Schuljahren zusammengenommen. Und dass es weitaus produktiver und unterhaltsamer ist, nicht ständig über, sondern mit Einwanderern, Ausländern und Flüchtlingen zu reden, ist zwar (noch) nicht weit genug verbreitet, aber eigentlich banal: Oft reicht eine Bahn- oder Taxifahrt, ein kurzes Gespräch am Stehimbiss oder in der Warteschlange, um mehr über ihre Herkunft, Kultur, Situation zu erfahren als durch jeglichen Klatsch und Medien.

Ein Paradebeispiel für einen paradoxerweise völlig unbekannten deutschen Helden und Tellerrand-Überflieger ist ein Mann namens Friedrich Wilhelm Ludwig Leichhardt (1813 bis vermutlich 1848), dessen phänomenale Neugier schon im frühen 19. Jahrhundert durch nichts zu bremsen war. Er wagte den Blick über seinen (hohen) Tellerrand, erlebte schier Unglaubliches und wurde einer der großen Forscher und Entdecker seiner Zeit. Leichhardt wurde als sechstes von neun Kindern in einem gottverlassenen Kaff irgendwo in der Mark Brandenburg geboren. Sein Vater war Torf-Inspektor, die Familie arm. Ludwig war ein kränkelndes, schwächliches Kind und machte deshalb schon als Junge freiwillig harte Leibesübungen. Er wurde einer der besten Schüler seiner Klasse und eifriger Turner. Ein Pastor förderte ihn und finanzierte ihm das Gymnasium, Abitur und Studium. Er studierte Philosophie, Religionsgeschichte, Sprachwissenschaften, Naturgeschichte, Botanik, Metaphysik und Physik, machte aber keinen Abschluss. Er hielt, gänzlich undeutsch, das Ansammeln von Wissen und eine umfassende Bildung für wichtiger als akademische Scheine und Titel. 1838, die Eisenbahn war gerade erst erfunden worden, wollte er erstmalig einen Blick über preußische Grenzen wagen und beantragte einen Reisepass, um nach England zu fahren. Der Pass wurde ihm verweigert, weil er zum Militärdienst einberufen werden sollte. Mit Hilfe der Familie eines englischen Kommilitonen beschaffte er sich einen britischen Pass, zog nach London und galt ab sofort in Preußen als fahnenflüchtig. Am 1. 10. 1841 machte er sich von England aus nach Australien auf, um das bis dato weitgehend unerforschte Land zu bereisen. Im Februar kam er in Sydney an, solange dauerte damals die Reise von Europa in den fünften Kontinent. Nix mit Langstreckenflug, Dutyfree und Bordservice, sondern fünf Monate auf See, mit beschissener Verpflegung, Massenschlafsaal unter Deck und spätestens beim lebensgefährlichen Umfahren vom ›Kap der guten Hoffnung‹ an der Südspitze Afrikas knietiefem Stehen in der eigenen Kotze.

Bis zu seinem Tod irgendwo im Outback (er blieb bei seiner letzten Expedition, dem Durchqueren des Kontinents von Ost nach West, verschollen) machte Leichhardt nun Expedition auf Expedition, anfangs allein, zu Fuß und zu Pferd, später mit kleinen Trupps von Forscher-Kollegen und Aborigines als Guides und Fährtenlesern. Wer jemals durch den Outback Nord-, West- oder Zentral-Australiens gereist ist oder einen Dokumentarfilm darüber gesehen hat, weiß, dass das Durchqueren der Sahara oder Kalahari-Wüste im Vergleich dazu Spaziergänge durch Laubenkolonien sind. Mal ganz abgesehen davon, dass im Outback mehr totgiftige Tiere leben als sonst irgendwo auf unserem Planeten. Heute heißt der Highway, der die Ostküste Australiens entlang in den tropischen Norden führt, ›Leichhardt Highway‹; Bäume, Pflanzen und Tiere wurden nach ihm benannt, er ist für Australier der wohl bekannteste Entdecker ihres Landes und ein Held seiner Geschichte. Er kartographierte als Erster die unbekannten Landmassen, die er bereiste, studierte deren Fauna und Geologie, das Leben, die Kultur und Sprache der Aborigines (er sprach gleich mehrere ihrer Stammessprachen), und machte die Erschließung dieser gigantischen Gebiete erst möglich. Bis in die späten 50er Jahre des 20. Jahrhunderts schickte die australische Regierung regelmäßig Forscher-Trupps in den Outback, um herauszufinden, wie, wo und wann Leichhardt bei seiner letzten Expedition 1848 umgekommen war, auch um seine wertvollen Aufzeichnungen und Forschungsergebnisse zu finden. Man stelle sich vor, Leichhardt hätte im alten Preußen sein Studium abgeschlossen, wäre brav zum Militärdienst angetreten und hätte sich wahlweise dabei als Kanonenfutter oder akademischer Stubenhocker verschleißen lassen. Australien wäre um einen seiner größten Helden ärmer, und wir wüssten weitaus weniger über eines der ältesten und faszinierendsten indigenen Völker der Erde, die australischen Ureinwohner.

Stillgestanden made in germany

Apropos Militärdienst ... Im Gegensatz zu Ludwig Leichhardt konnte sich ein junger Deutscher in den 1970ern entscheiden, ob er zur Bundeswehr gehen oder den Wehrdienst verweigern und Ersatzdienst leisten wollte. Ich hatte auf beides wenig Lust und wollte nach der Schule erst mal ein bisschen auswandern, gemeinsam mit meinem besten Kumpel. Wir beschlossen, dass ›Barras‹ oder Zivildienst warten konnten, machten uns schlau und stellten fest, dass im Westen Kanadas Holzfäller gesucht und v.a. bombig bezahlt wurden. Vielleicht würde das Kreiswehrersatzamt uns ja vergessen, wenn wir irgendein Holzfäller-Camp in Übersee als Anschrift hinterlassen würden. Also beantragten wir im zarten Alter von 19 Jahren Arbeitsvisa für British Columbia. Kaum hatten wir die Formulare an die kanadische Botschaft geschickt, wurde der großartige Plan schon zunichte gemacht: Mein Kumpel wurde schneller als erwartet eingezogen und musste in einer Regensburger Kaserne seinen Wehrdienst antreten. Er hatte vorher alles versucht, um als untauglich ausgemustert zu werden, als Kriegsdienstverweigerer war er zweimal abgelehnt worden. Also nix mit Holzhacken im wildem Westen Kanadas. Dafür besuchte ich meinen Kumpel, so oft es ging, um ihn während des stumpfsinnigen Dienstes bei Laune zu halten und zu verhindern, dass er sich wie die meisten seiner Kameraden 15 Monate lang die Hucke voll- und das Hirn wegsoff.

Zufälligerweise lagen sich an dieser Regensburger Ausfallstraße die deutsche und amerikanische Kaserne schräg gegenüber. Man konnte also auf der einen Seite den deutschen Morgen-Appell beobachten, auf der anderen den amerikanischen. Was für ein Unterschied! Die deutschen Rekruten machten alles so, wie man sich das beim Militär vorstellt. Sie standen stramm, sahen in ihren Uniformen aus wie aus dem Ei gepellt, standen genauso verwechselbar wie eben diese Eier in ihrem Eierkarton in Reih und Glied. Der Uffz brüllte »Aaaaachtung! Stillgestanden!!«, und ein Haufen lustloser, müde aussehender Möchte-gar-nicht-gern-Krieger tat sein Bestes, dem Uffz ein bisschen nordkoreanisches Flair vorzutäuschen. Die Jungs taten mir leid, ich dachte aber auch, dass es beim Militär nun mal so sein muss.

Muss es eben nicht, wie ich eines Morgens feststellte, nachdem ich meinen Kumpel nach einer Nacht am Flipper-Automaten einer Kneipe namens ›Namenlos‹ per Moped zu seiner Kaserne gefahren hatte. Auf der anderen Straßenseite lief ein völlig anderes Programm. Hätte ich es nicht besser gewusst, ich hätte gewettet, dass sich da gerade ein paar Hobby-Basketball-Mannschaften vor einem Wohltätigkeitsturnier treffen, um sich demnächst warm zu machen und ein paar Hoops zu werfen. Die US-Boys, darunter viele Schwarze, schlurften offenbar frisch geduscht in Badeschlappen und oben ohne auf den Appellplatz, Handtuch um den Hals. Keine Spur von Reih und Glied, die Jungs lungerten eher vor ihrem Kaugummi-kauenden Sergeant herum, rubbelten sich die Haare trocken und hörten ihm nebenbei zu. Bis er »*Mooove!*« rief, dann schlenderte der lockere Haufen zurück in die Baracken. Fertig. So ging das offenbar auch. Immerhin war das die Armee, die 35 Jahre zuvor Adolfs Tausendjähriges Reich vorzeitig beendet hatte.

Seitdem hab ich mir einen Sport daraus gemacht, die Armeen, Soldaten und Truppen unterschiedlicher Länder zu beobachten. Meine Doku-Crew und ich drehten 2006 in Bangkok und wurden dort von einem Militärputsch überrascht. Panzer umstellten das Regierungsviertel, die ganze Stadt war voller Soldaten und Schaulustiger, oft mit ihren Kindern, die sich die Machtübernahme der Militärs lieber live als im Fernsehen angucken wollten. Und die Besatzungen der Panzer erlaubten kleinen Kindern, auf den Panzern herumzuklettern, ließen sich mit den Kindern sogar vor ihren Luken von den Eltern fotografieren! Manche hatten Blumen in die Kanonenrohre gesteckt. Man konnte sich kaum vorstellen, dass es bei den Ausschreitungen in Thailand immer wieder zahlreiche Tote gab. Keine Ahnung, ob das was mit dem Buddhismus zu tun hat, aber diese Armee wirkte nicht besonders bedrohlich und ließ uns aus allernächster Nähe alles filmen, was wir drehen wollten. In den meisten Konflikt-Zonen der Welt wirst du dafür erschossen.

Am lustigsten sind jedoch Auftritte der italienischen Armee: Die sind ähnlich diszipliniert wie die Deutschen, mit dem dezenten Unterschied, dass es einem Italiener im Traum nicht einfallen würde, genauso auszusehen wie sein Nebenmann. Also wird an den Ärmeln und Krägen herumgekrempelt und -gezupft, Knöpfe geöffnet, Mützen oder Helme hin- und her- und dann soweit ins Gesicht geschoben, dass man sich fragt, wie die Jungs überhaupt noch etwas sehen können. Dieser italienische Individualismus bzw. Hang zu Styling und Design war vermutlich einer der Gründe, warum der Faschismus dort nicht so fatal gut funktioniert hat wie beim nördlichen Verbündeten.

Selbst beim Militär, Inbegriff für feste Regeln und Drill, ist also die Denkart »Das muss so sein, das geht nicht anders, das war immer so und wird immer so sein« sichtbar

Blödsinn. ›Viele Wege führen nach Rom‹ ist ein weiteres in Vergessenheit geratendes Sprichwort. Mal zu gucken, was andere so treiben, wie es woanders zugeht, kann nie schaden. Schlimmstenfalls sieht man, wie man es definitiv nicht machen sollte, im Idealfall lernt man dazu.

»Klauen in der Kunst ist in Ordnung,
solange man es mit Geschmack tut.« (Frank Zappa)
Oder: wie man von den Besten lernt

Im für Studenten greisenhaften Alter von 38 habe ich mich 1998 an der USC in Los Angeles noch mal in einen Hörsaal voller Student/innen in ihren frühen 20ern gesetzt, um zwei Semester lang zu lernen, wie man Drehbücher schreibt. Ich hatte bereits die ersten grauen Haare, jede Menge belanglose Filme gedreht, die meistens an der beschissenen Qualität ihrer Drehbücher gescheitert waren. Viele meiner jungen Mit-Student/innen im ›Writers Program‹ der USC Filmschool trugen Brillen mit Gläsern, die so dick waren wie der Boden einer Coca-Cola-Flasche, und hatten eindeutig seit ihrem fünften Lebensjahr wenig anderes gemacht, als vor der Glotze zu sitzen. Sie kannten jede TV-Show und jeden Film der letzten 30 Jahre und schrieben am Ende des zweiten Semesters als ›Examens‹-Aufgabe Folgen für die Hit-Serie ›Friends‹, die von den Produzenten der Serie sofort gekauft wurden. Ich saß also zwischen diesen hochbegabten Nerds und versuchte zu verstehen, warum die Amis das Drehbuchschreiben so viel besser können als wir.

Nach den zwei Semestern hatte ich eine Antwort gefunden: Eines der Hauptfächer nannte sich *Script Analysis* – zweimal pro Woche wurden im ersten Semester fast ausschließlich Filme von Billy Wilder analysiert (›Some like it hot‹ – ›Manche mögen's heiß‹, ›Sunset Boulevard‹, ›Das Apartment‹, ›1,2,3‹, ›Headline News‹, ›Die Zeugin der Anklage‹ u.v.m.). Und zwar so lange, bis wir kapierten, warum diese Filme bis heute funktionieren, warum man beim Ansehen immer noch lachen und/oder weinen muss und warum sie in sämtlichen ernstzunehmenden Filmschulen bis heute als Anschauungs-Material eingesetzt und bis ins kleinste Detail zerpflückt und untersucht werden. Der Dozent, Don Bohlinger, nahm jeden der Wilder-Filme auseinander, zuerst die Charaktere, die gesamte Dramaturgie und Struktur, dann Szene für Szene, Satz für Satz, Einstellung für Einstellung, und zeigte uns, wie Wilder und seine Autoren es gemacht hatten. Dazu wurde jeder Film immer wieder vorgeführt, bis zu zehn Mal, bis man ihn praktisch auswendig kannte. Dieses Unterrichtsprinzip ist so einfach wie intelligent und erfolgreich: von den Besten lernen. Bohlingers Credo war, zuerst zu verstehen, wie es andere machen, dies zu verinnerlichen und erst mit diesem Wissen dann Eigenes zu kreieren. »Erst lernen, dann selbstständig denken«, steht schon im Talmud.

Man sagt jeder Nation besondere Talente und kulturelle Errungenschaften nach: Italiener, das Volk des Designs; Engländer, ein Volk der Sprache und des Wort(witz)es; wir Deutschen, das Land der Maschinen-, Autobauer und Ingenieure. Und die Amis, das Volk des Rock'n'Roll und des Films. Würden sie ihre Autos bauen wie die Deutschen und umgekehrt die Deutschen ihre Drehbücher so schreiben wie die Amis, wäre für beide Seiten viel gewonnen.

Es heißt zwar ›Curiosity kills the cat‹, aber wir sind eben keine Stubentiger auf der Suche nach Fischresten. Uns bringt es in Meilenstiefeln weiter, sich Sachen anzuschauen, die man (noch) nicht kennt. Immer neugierig zu bleiben, egal für wie schlau und erfahren wir uns halten. Von flachen Tellern essen, nach jedem Bissen aufblicken und sich umsehen, nur so erweitert man den eigenen Horizont. »Wer aufhört zu lernen, ist alt. Er mag 20 oder 80 sein.« (Henry Ford)

Hinterm Tellerrand geht's weiter ...

Wir Deutschen sind Eigenbrötler. Bei allem wird erst mal im stillen einheimischen Kämmerlein herumgedoktert: Bei Elektromobilität, Verkehrs-, Gesundheits-, Renten-, Bildungs- und Schulsystem, Bürokratie ... Aber warum muss man immer alles neu erfinden? Wenn die Schweiz das bessere Rentensystem, die Finnen und andere Skandinavier das bessere Schulsystem, die Franzosen und Schweden das bessere Kinderbetreuungssystem haben, die Norweger, Holländer, Kalifornier bei der Elektro-Mobilität weit vorne sind – warum schicken wir nicht einfach mal eine Delegation von Spezialisten hin und lassen die analysieren, was die anderen da so treiben? Und ob oder wie es sich auf unser Land übertragen ließe? Warum bremst uns da immer wieder die deutsche Besserwisserei?

Ein schönes Beispiel hierfür ist die viel diskutierte ›Inklusion‹ von Menschen mit ›Behinderung‹. Ich hasse diese Vokabel, weil sie eigentlich nur besagt, dass es nicht ihre Behinderung ist, die die Betroffenen behindert, sondern die Gesellschaft der Normalos, der ›Gesunden‹, die Rollstuhlfahrern und Menschen mit jeglicher Art einer gesundheitlichen Herausforderung das Leben erschwert. Am Flughafen von Mexico City, eine der größten Metropolen der Welt, arbeiten bei Pass- und Gepäckkontrollen, Zoll, Security und an den Gates überwiegend Rollstuhlfahrer/innen. Warum? Es ist der perfekte Arbeitsplatz für sie: keine Treppen oder anderweitige Hindernisse, sondern endlose, glatte Flächen und Gänge, auf denen sie sich problemlos bewegen können. Eine kleine, aber feine Idee, wie man diese Menschen in großen Zahlen in Lohn und Brot setzen kann. Und in den USA hat jedes noch so simple Restaurant eine Rampe und behindertengerechte Toilette. Bei uns: Fehlanzeige. Das weiß jeder, der im Rollstuhl sitzt oder an Krücken gehen muss.

Ein weiteres, aktuelles Beispiel: In Holland werden 80 Prozent der Asylanträge von Flüchtlingen innerhalb von acht Tagen entschieden.[31] In Deutschland lag die durchschnittliche Bearbeitungszeit der Asylanträge im August 2015 bei 5,4 Monaten.[32] Da kam die große Flüchtlingswelle gerade erst ins Rollen. 2014 gab es in Deutschland 200.000 Asylanträge; doch weil aus dem Vorjahr noch so viel liegengeblieben war, lagen auf den Schreibtischen 211.000 unbearbeitete Anträge. Wenn das System schon lange vor der Flüchtlingswelle nicht funktioniert hat, ist es kein Wunder, dass es ab dem Sommer 2015 völlig kollabierte. Die verantwortlichen Beamten und Sachbearbeiter können einem nur aufrichtig leid tun, die haben mehr Überstunden angehäuft, als sie selbst, mehrfach re-inkarniert, jemals abfeiern könnten. Und was für ein Versagen, dass sich die Verantwortlichen, v.a. in der Politik, nicht rechtzeitig kundig gemacht haben, wie es zum Beispiel die Schweizer und Norweger machen. Sie entscheiden schon seit vielen Jahren bei Flüchtlingen aus den Balkanstaaten innerhalb von 48 Stunden.[33] Die Zahl der Positivbescheide liegt hier im Promillebereich.

Dass ein Volk, das nicht nur von seinem eigenen ›Präsidenten‹, genauer Diktator, mit Truppen und Giftgas traktiert, sondern auch noch von dessen Verbündeten Wladimir Putin in Schutt und Asche gebombt wird, sich irgendwann auf die Flucht in Sicherheit begibt, kann für Merkel, Seehofer & Co. keine große Überraschung gewesen sein. Aber Seehofer fand es wichtiger, den Bundestag (und uns) jahrelang mit Diskussionen über ein schwachsinniges Betreuungsgeld und eine noch schwachsinnigere Maut zu nerven, anstatt mal über den berüchtigt hohen und überaus selbstherrlichen bayrischen Tellerrand zu blicken, um sich mit dringenden Themen zu beschäftigen. Mein Kollege Jan-Josef Liefers reiste im Frühjahr 2013 (!) mit einem

›Bild‹-Reporter nach Aleppo, um unsere Aufmerksamkeit auf den Krieg in Syrien zu lenken. Was passierte? Nichts. Außer dass die Medien, allen voran die Süddeutsche Zeitung, Liefers in altbekannter und vorhersehbarer Weise meuchelten und sich pauschal über alle Promis lustig machten, die sich engagieren. Nur wenn Clooney sich für die humanitäre Situation in Süd-Sudan einsetzt, wird freundlich berichtet – der ist ja auch Ami, kein Deutscher. Nochmal Götz George: »Der Deutsche will immer den Jesus haben, der auf die Schnauze fällt und zugibt: Mea Culpa.«

Deutschland, einig Jammerland

Um andere Lösungswege annehmen zu können, muss man allerdings seinen Skeptizismus, Pessimismus, seine Besserwisserei überwinden, was in einem Land der Meckerer, Nörgler und Jammerer ein echtes Kunststück ist. Denn das hieße Abschiednehmen vom »Das war immer so. Da kann man nix machen. Das lässt sich nicht ändern. Das ist halt so. Das muss so sein.« Das hieße aber auch: nicht andere für sich denken lassen, sondern selbst die grauen Zellen anwerfen und selbstständig nachdenken.

Andere, sprich vermeintliche Leittiere, für sich denken und entscheiden lassen erzeugt nun mal Befehlsempfänger-Mentalität und fördert Hierarchiedenken und Denunziantentum. »Der Chef will das so. Das entscheidet der Chef. Der Chef hat gesagt … Was würde denn der Chef … Wenn das der Chef … Wenn ich das dem Chef sage!« Wer so tickt, erwartet von den anderen Herdentieren strikten Konformismus, und wer ausschert, bekommt sofort die bekannten Texte zu hören: »Das geht doch so nicht! Das hat noch keiner so gemacht. Das hat noch nie jemand probiert. Das machen wir hier aber immer anders …« Es ist schizophren: Wir schimpfen, meckern, jammern oft völlig zu Recht über viele Dinge, lassen aber neue Ansätze oder Lösungen gar nicht zu. Wollen sie gar nicht hören, geschweige denn ausprobieren. Lassen lieber alles beim Alten und schimpfen miesepetrig weiter.

Warum nur?

Weil ›der Bauer nicht frisst, was er nicht kennt‹? Machen uns Gleichmacherei, Obrigkeitshörigkeit und Nörgelei echt so viel Spaß? Warum finden wir es dann bitte so super, wie ausgelassen die Brasilianer Samba tanzen, die Italiener ihr Dolce Vita zelebrieren, die Franzosen ihr Savoir vivre genießen oder die Griechen auf den Tischen tanzen und feiern?

British Airways machte einmal eine Umfrage unter ihren europäischen Kunden und wollte herausfinden, was sie an ihren Mitreisenden stört.[34] 3.000 Flugreisende gaben online Auskunft. Die Deutschen hatten mit Abstand am meisten zu meckern. Durchschnittlich über 6,2 Dinge regten sie sich auf. Die Top 3:

1. 66 Prozent hassen es, wenn ihnen von hinten jemand gegen den Sitz tritt.
2. 65 Prozent ärgern sich über Mitpassagiere, die direkt nach der Landung aufspringen und nach ihrem Bordgepäck greifen.
3. 60 Prozent können nicht verstehen, dass sich Sitznachbarn während des Fluges ständig über Kleinigkeiten beschweren. (Das ist ein Witz für sich, den sich ein Harald Schmidt nicht besser hätte ausdenken können.)

Zum Vergleich: Der Punkt, der zum Beispiel die Franzosen am meisten aufregt (42 Prozent), ist das Schmatzen der Sitznachbarn, wenn es Bordverpflegung gibt.

Mir ist völlig klar, dass das Genörgel über die deutsche Nörgelei auch schon wieder Genörgel ist. Ich versuche nur zu kapieren, wo diese nebst Fußball wohl größte deutsche

Leidenschaft herkommt. Hier eine etwas gewagte Theorie: Die meisten Utopien der jüngeren Geschichte sind mehr oder weniger brillianten deutschen Köpfen entsprungen. Lessing erfand die Aufklärung, Kant den modernen westlichen Pazifismus, Luther die Reformation, Eichendorff, C.D. Friedrich und andere die Romantik, Marx und Engels den Kommunismus bzw. Sozialismus, Hitler den Wahn, dass ›am deutschen Wesen die Welt genesen‹ werde, Brandt die Aussöhnung zwischen Ost und West, die Aufhebung des ›Nord-Süd-Gefälles‹. Alle diese Utopien wurden enttäuscht, wurden, wenn überhaupt, nur in Teilen oder vorübergehend umgesetzt. Insofern sind wir vielleicht ein Volk von enttäuschten Utopisten und Träumern und deshalb latent unzufrieden und unglücklich.

Auch wenn Gejammer, Gemecker und Genörgel so alltäglich sind, dass wir sie als normal empfinden, hat es weitaus schlimmere Konsequenzen, als wir denken. Jeffrey Lohr, Psychologe an der University of Arkansas, hat in Studien herausgefunden, dass Menschen, die viel jammern, ihre Synapsen im Gehirn so vernetzen, dass ihre Gedanken automatisch in eine negative Richtung gehen.[35] Kollegen der Stanford University stellten fest, dass regelmäßiges Meckern und Jammern den Hippocampus zum Schrumpfen bringen. Das ist der Teil des Gehirns, der u.a. für das Gedächtnis zuständig ist. Bei Alzheimer- und Demenz-Erkrankungen wird dieser Teil des Gehirns als Erstes geschädigt. Jammern macht also nicht nur schlechte Laune, es macht auch vergesslich. Außerdem setzt es den Körper unter Stress: Wenn das Gehirn negative Gefühle und Gedanken verarbeiten muss, sendet es Alarmsignale an den Körper. Der wiederum reagiert mit der Ausschüttung von Cortisol, einem Stresshormon. Unser Genörgel erhöht also den Cortisolspiegel und damit das Risiko für Diabetes, Depressionen, Herzerkrankungen, Burnout, Schlafstörungen und andere Krankheiten. Und es schwächt unser Immunsystem. Robert Sapolsky, Professor für Neurologie in Stanford, fand außerdem heraus, dass nörgelnde Mitarbeiter nicht nur sich selbst, sondern auch die Kollegen unter Stress setzen. Einem Kollegen nur eine halbe Stunde lang beim Meckern und Jammern zuzuhören reicht aus, um seinen Stresslevel stark zu erhöhen.[36] Die gute Nachricht: Positive Gedanken haben eine ebenso starke Wirkung aufs Gehirn wie negative. Robert Emmons, Psychologe an der University of California, konnte mit seinem Team beweisen, dass Menschen, die dankbar und optimistisch denken, einen um 23 Prozent niedrigeren Cortisol-Level haben wie Nörgler. In einer Studie schreibt er: »Dankbarkeit hat einen erstaunlichen und anhaltenden Effekt auf das Leben eines Menschen. Positive Gedanken können das Immunsystem stabilisieren, den Blutdruck senken und die Schlafqualität erhöhen.«[37]

»We could be so much more than we are.«
(Alter Bridge: Before tomorrow comes)

Und noch eine gute Nachricht: Wir Deutschen sind gar nicht (mehr) so schlimm. Im Gegenteil. Es hat sich in den letzten Jahren viel bewegt. Früher waren wir in sonnigen Urlaubsländern berühmt dafür, als Hotelgast um sechs Uhr morgens kurz aufzustehen, per Handtuch einen Liegestuhl am Pool zu reservieren, sich wieder schlafen zu legen und dann nach reichhaltigem Buffet-Frühstück, bei dem man sich für den ganzen Tag vollgefressen hatte, pünktlich um 9.30 Uhr seinen Wanst in den Liegestuhl zu drapieren, um ›Bild‹ und ›Bunte‹ zu lesen. Und wehe, ein anderer Gast hatte sich trotz Handtuch doch die Liege geschnappt, dann gab es Krieg.

Bis in die späten 90er Jahre, nachdem wir längst Millionen von ›Gastarbeitern‹ ins Land geholt hatten, um unsere Wirtschaftskraft und unseren Lebensstandard zu steigern, predigten Kohl, Schäuble & Co. immer noch unbeirrbar, Deutschland sei kein Einwanderungsland. Wir haben das glatte Gegenteil bewiesen. Trotz und gerade in der Flüchtlingskrise. Und auch wenn wir uns selber gerne geißeln, indem wir uns für fremdenfeindlich halten: Das ist nachweislich falsch – trotz AfD, Höcke und braunem Gesocks. Wenn es um Fremden*feindlichkeit* geht, liegen wir im europäischen Vergleich im Mittelfeld. Doch wenn nach Fremden*freundlichkeit* gefragt wird, dann sind wir Spitzenreiter in Europa.[38] Und laut einer OECD-Studie sind wir hinter den USA das zweitbeliebteste Einwanderungsland der Welt, noch vor Kanada und Australien, völlig unabhängig von der Flüchtlingskrise.

Längst sind neue Generationen am Start, denen es völlig egal ist und die oft gar nicht so genau wissen, ob die Eltern ihrer Klassenkameraden oder Arbeitskollegen aus Pakistan, Iran, Ghana, Eritrea, Vietnam oder Buxtehude kommen. Als ich von der ›Linden School‹ in Pittsburgh an eine deutsche Schule nach Frankfurt umgetopft wurde, wurden schwarze GIs der US Army noch ›Bimbos‹ genannt. Italiener hießen ›Spaghetti-Fresser‹, in Bayern wegen ihres Kinderreichtums ›Katzelmacher‹, alles andere waren ›Kanacken‹. Noch in den 80ern wurde dem Moderator Ron Williams hinterhergerufen: »Ey Du, warste zu lange auf der Sonnenbank?« Das hat sich radikal geändert, traurige Ausnahmefälle ausgenommen. Meine Cousine unterrichtet an einer Schule in der Frankfurter Innenstadt, über 80 Prozent ihrer Schüler haben einen Migrationshintergrund. Heute sitzen in deutschen Klassen Kinder in allen Farben aus aller Herren Länder und schließen bunte Freundschaften. Die meisten Kinder sind vorurteilsfrei, Hautfarbe ist kein Thema (mehr). Nur AfD-Gauland hält den gebürtigen Berliner Jérôme Boateng aufgrund seines Teints als Nachbar für deutsche Mitbürger für nicht erwünscht. Und

Frauke Petry, die ›dämonische Schönheit‹ aus der ehemaligen DDR mit der kessen Führer-Frise, schlägt Schusswaffengebrauch gegen Flüchtlinge an den Grenzen vor – genau das, was die DDR und ihre NVA Menschen antat, die versuchten, in den Westen zu fliehen. Man hatte ja gehofft, dass die ›ewig Gestrigen‹, die ihr Leben lang der NS-Zeit nachtrauerten, endlich ausgestorben seien. Leider wachsen sie nach, getreu der deutschen Lebensweisheit ›Unkraut vergeht nicht‹.

Ich kenne keinen halbwegs intelligenten und weltoffenen Menschen in Deutschland, der nicht darüber nachdenkt, was gegen Fremdenhass, Angst vor Flüchtlingen, AfD, Pegida, NSU, Reichsbürger, braune Denke, die rapide steigende rechte Gewalt etc. unternommen werden kann. Beschimpfen hilft nicht, Ausgrenzen ebenso wenig. Die Politik wirkt kopf- und hilflos, die Medien polarisieren. Entweder hetzen sie gegen Flüchtlinge und Einwanderung (›FAZ‹, ›Focus‹, ›Welt‹ etc.), oder sie verteidigen wacker Merkels Kurs von 2015, allen voran erstaunlicherweise die ›Bild‹-Zeitung, aber auch ›Die Zeit‹ und ›FR‹. Was wir alle zu vergessen scheinen: Segregation hat noch nie funktioniert, nirgendwo auf der Welt. Das haben sämtliche Kolonialmächte mit den Bewohnern ihrer Kolonien versucht, die Südafrikaner mit Apartheid, die USA mit Rassentrennung, die Nazis mit Juden und anderen Minderheiten, Israel mit Palästinensern – überall gab es massenhaftes Blutvergießen, Elend, Krieg. Und auch wenn Populisten wie Trump, Le Pen, AfD, Orbán, Kaczyński, Wilders u.v.m. derzeit Zulauf haben: Nichts schadet einem Land, seiner Gesellschaft, Wirtschaft etc. mehr als Menschen und Parteien, die versuchen, den Tellerrand nach dem Konzept der Berliner Mauer oder eines Hochsicherheits-Knastes hochzuziehen. Die gesamte Geschichte der Menschheit ist die Geschichte einer gigantischen, endlosen Völkerwanderung, und die wird auch ein Trump nicht aufhalten, Pimpfe wie Björn Höcke und Konsorten schon gar nicht. Selbst wir Deutschen und unsere Vorfahren sind und waren schon immer ein wander-wütiges Völkchen. Wer es nicht weiß oder wahrhaben will, sollte ein Buch meines ZDF-Doku-Chefs Peter Arens lesen: ›Sturm über Europa. Die Völkerwanderung der Germanen‹. Und als kleine Randbemerkung: Jeder vierte Amerikaner ist deutschstämmig (leider auch Herr Trump), in Kanada sogar jeder dritte.

Natürlich stehen die wohlhabenden Länder der Welt vor einer Mammut-Aufgabe, die Massenbewegungen von armen, konfliktgebeutelten in reiche, sichere Länder zu bewältigen. Sie haben schlicht nicht damit gerechnet, dass die Millionen von Menschen aus Billiglohn-Ländern, auf deren Rücken wir unseren Wohlstand erwirtschaften, plötzlich vor unserer Tür stehen und etwas abhaben wollen vom Kuchen. Wer sich immer gefreut hat, wie billig seine Lederjacke war, die in Marokko hergestellt wurde, sollte sich mal eine Gerberei dort ansehen, unter welchen Bedingungen dort gearbeitet wird, auch von Minderjährigen. Und er sollte sich nicht wundern, wenn einer, der seit seinem 14. Lebensjahr hüfttief in hochgiftiger Gerb-Chemie gestanden und geschuftet hat, irgendwann hinschmeißt und ein besseres Leben sucht. Wundert sich wirklich ein Kik- oder Primark-Kunde mit seinem 3-Euro-T-Shirt ›Made in Bangladesh‹, dass Bangladeshis versuchen, aus ihren Sweatshops rauszukommen und irgendwohin abzuhauen, wo ein besseres Leben lockt? Oder ein junger Kongolese, der schon als Kind wie ein Sklave und unter horrenden Bedingungen in Coltan-Minen arbeiten musste, damit wir möglichst billig unsere Handys, Laptops, Digital-Kameras etc. ergattern können?

Vielleicht würde sich auch hier ein Blick über die Grenzen lohnen. Es gibt Länder, die mit weitaus größeren

Einwanderungs- und Flüchtlingszahlen zurechtkommen müssen. Wie machen die das?

Bis Trump kam, war die USA ein erstaunlich offenes, erfolgreiches Einwanderungsland, v.a. was die ca. 30 Millionen Latinos betrifft. Sie wurden schnell in die Gesellschaft und Wirtschaft integriert, egal ob sie sich legal oder illegal im Land aufhielten. Länder wie Schweden, Norwegen, Kanada oder Neuseeland haben teilweise kluge Ideen zu Einwanderung und Integration. Warum zahlen wir Asylbewerbern nicht wie in Schweden eine Prämie, wenn sie regelmäßig zum Deutsch-Unterricht antreten, anstatt ihnen pauschal ›Taschengeld‹ zu geben? Warum setzen wir nicht ganz gezielt Flüchtlinge und Einwanderer in Bereichen ein, in denen wir dringend Arbeitskräfte benötigen?

Ich stieg im Herbst 2016 in Berlin in ein Taxi, an dessen Steuer ein junger Palästinenser saß. Er war seit 2015 in Deutschland, sprach erstaunlich gut Deutsch, war gelernter Krankenpfleger, durfte aber als solcher nicht arbeiten, wegen irgendwelcher bürokratischen Hürden und Hindernissen. Da meine Schwester von Beruf Krankenschwester ist, weiß ich zufällig, dass in Deutschland ca. 250.000 Pflegekräfte fehlen, Tendenz steigend. Warum geht nicht mal jemand in die Asylbewerber-Unterkünfte und fragt, wer einen Erste-Hilfe-Schein in der Tasche hat und Interesse hätte, eine eventuell verkürzte oder intensivierte Ausbildung als Kranken- oder Altenpfleger/in zu machen? Nachdem meine Mutter 2014 einen Schlaganfall erlitt und seitdem Pflegefall ist, erlebt meine Familie aus nächster Nähe, wie es um Altenpflege hierzulande bestellt ist. Die Nationalitäten, die wir in der Stroke-Unit des Krankenhauses, in der neurologischen Reha und jetzt bei der Pflege im eigenen Heim kennengelernt haben, reichen von Tschetschenien, Bosnien, Türkei, über Senegal, Nigeria, Somalia, Philippinen, bis zurück nach Polen, Russland und Serbien. Anfangs verwirrt und etwas eingeschüchtert über diese ›United Colors of Pflegekräften‹, freundete sich meine 86-jährige Mutter mit einigen ihrer Pfleger/innen an und hat mittlerweile Einladungen in Länder, von denen sie kaum weiß, wo sie liegen. Sie wird diese zwar leider nicht mehr annehmen können, aber es illustriert, was für großartige Immigrant/innen sie durch ihre Situation kennengelernt hat.

»Unser Kopf ist rund, damit das Denken die Richtung wechseln kann.« (Francis Picabia). Der Tellerrand übrigens auch ...

KAPITEL 9

»Heldentum besteht darin, eine Minute länger auszuhalten.« (Norwegische Weisheit)

Es gibt große und kleine Helden. Die einen stehen in Schulbüchern, auf Briefmarken, als Statuen in Gedenkstätten: Nelson Mandela, Mahatma Gandhi, Abraham Lincoln, Florence Nightingale, Martin Luther King, Mutter Teresa, Desmond Tutu, Papst Franziskus, die Freiheitskämpfer und Widerständler des Dritten Reichs, der Apartheid, des Sowjet- oder DDR-Regimes, der Militär-Juntas Lateinamerikas ... Alles große Frauen und Männer, die einem nicht nur Respekt, Ehrfurcht und Bewunderung einflößen, sondern leider auch das Gefühl: »So was wie die, das könnte ich nie ...«

Uwe Schäfer

Es geht aber auch ein paar Nummern kleiner – und kleine Helden bewegen mindestens genauso viel wie die großen, auch wenn es unter Ausschluss der Öffentlichkeit stattzufinden scheint. So wie der Beitrag eines befreundeten Kameramanns und alten Haudegens namens Uwe Schäfer, den ich noch nie schlecht gelaunt oder unfreundlich gesehen habe und nie ein lautes Wort habe verlieren hören. Uwe ist die Ruhe in Person. Seit Jahren drehen wir in unregelmäßigen Abständen zusammen, und von Anfang an fiel mir auf, dass er, egal wo er ist, immer einen uralten, verbeulten Kaffeebecher mit sich herumträgt, während andere Teammitglieder bis zu zwanzig Wegwerfbecher pro Tag verbrauchen. Ein kleiner Beitrag? Vielleicht. Aber es läppert sich. Allein in Deutschland werden pro Stunde 320.000 To-Go-Becher konsumiert, pro Tag 7,7 Millionen, pro Jahr 2,8 Milliarden. Das Catering einer durchschnittlichen deutschen Filmproduktion verballert ca. 3.000 Plastik- und Pappbecher pro Woche, an heißen Sommertagen bis zu 5.000. Man stelle sich diesen Müllberg vor, bei Hunderten von TV-Produktionen, die jeden Tag irgendwo in Deutschland gedreht werden, ganz abgesehen von der dazugehörigen Ressourcen-Verschwendung und Umweltverpestung. Uwe leistet konsequent seinen ›kleinen‹ Beitrag dagegen.

Bibi Waadt

Gleiches galt für die mittlerweile leider tödlich verunglückte Stuntfrau Bibi Waadt. Sie war zunächst eine der wenigen weiblichen SEK-Beamten in Deutschland, kam mit der Beamten-Routine des Polizei-Dienstes nicht zurecht und wurde im Alter von knapp 30 Jahren Deutschlands beste Stuntfrau. Bibi mischte eine Testosteron-gesteuerte und wenig umweltfreundliche Männer- und Macho-Branche auf, die am liebsten per spektakulärem Stunt Autos schrottet und Unfälle, Mord und Totschlag simuliert. Ich lernte Bibi während eines Drehs an der Nordsee beim Beach-Volleyball kennen. Sie fuhr bei Wind und Wetter mit dem Fahrrad, sorgte dafür, dass Stuntcrews ihre Setversorgung nicht mehr bei McDonalds oder Burger King bestellten, dass Wegwerf-Becher verschwanden und möglichst wenig Müll produziert wurde. Anfangs wurde sie belächelt. Aber da sie tougher und weitaus großflächiger tätowiert war, besser schießen konnte und mehr über Knarren wusste als alle muskelbepackten männlichen Kollegen zusammengenommen, setzte sie sich durch. Ihr Argument: Jedes Stückchen Müll weniger ist gut für die Welt. In ihrem Urlaub reiste sie einmal pro Jahr nach Afrika und half beim Brunnen Bohren oder Waisenhäuser Bauen, »weil ab und zu muss man ja was Sinnvolles tun.« Für mich gehören Uwe und Bibi zu den kleinen, leisen Helden, die beweisen, dass man in seinem persönlichen Umfeld unglaublich viel bewegen kann. Jeder noch so kleine Beitrag zählt, weil, wie gesagt: Es läppert sich ...

Herr Wagner

Herr Wagner ist Ende 60, Ur-Münchner, streng katholisch und regelmäßiger Kirchgänger, von Beruf Taxifahrer. Den buche ich, seit ich ihn zufällig vor zehn Jahren kennengelernt habe, und freue mich auf jede Fahrt mit ihm. Er ist absoluter Familienmensch, erzählt viel über seine Frau und seine beiden erwachsenen Söhne. Er ist immer gut gelaunt, warmherzig, bescheiden, unglaublich belesen und politisch informiert, kennt jede sehenswerte Ausstellung im Umkreis von 200 km und geht mit seiner Frau regelmäßig ins Kino, um anspruchsvolle Filme, v.a. Literaturverfilmungen, zu sehen. Er schüttelt traurig den Kopf über die hohle, selbstverliebte Schickeria, die seine Heimatstadt seit Jahrzehnten prägt. »Die Leit woll'n einfach net verstehn, dass ihr ganzer Wohlstand auf'm Rück'n von der Dritt'n Wölt z'samm-g'wirtschaft' wird«, ist einer seiner Standard-Sätze, wenn wir mal wieder zwischen SUVs und Porsches eingeklemmt im Stau stehen. Herr Wagner leidet an MS, jammert nie, sondern ist im Gegenteil immer vergnügt und dankbar für alles, was ihm das Leben beschert: Seine Familie, sein finanzielles Auskommen, das Essen auf seinem Tisch, die schöne kleine Mietwohnung, die Besuche seiner Söhne, die gemeinsamen Reisen mit seiner Frau zu Pilgerstätten, Ausstellungen, Sehenswürdigkeiten oder auch Olivenöl-Verköstigungen. Zu seinem gesundheitlichen Zustand befragt, antwortet er immer lächelnd mit demselben Satz: »Jeder Mensch hat sei' Packerl zu tragen.« Herr Wagner bringt Sachen ins Asylbewerberheim, rettet Katzen aus der Tötungsstation, spendet für karitative Zwecke und wenn es den Gott geben sollte, an den er glaubt, dann muss er einer der Engel sein, den der »Herrgott«, wie er ihn nennt, gesandt hat. Sozialer, christlicher und toleranter kann man kaum sein. Und entgegen des weitverbreiteten Glaubens, dass sich solche Menschen in unserer Ellbogengesellschaft nicht durchsetzen oder keinen Erfolg haben können, wird Herr Wagner für seine Haltung belohnt: Er lebt ausschließlich (und erstaunlich) gut von Stammkunden. Er kann sich vor Aufträgen kaum retten und sich gar nicht mehr daran erinnern, an einem Taxistand gewartet oder mit leerem Wagen durch die Gegend gefahren zu sein. Denn wer einmal mit Herrn Wagner gefahren ist, will wie ich ab sofort immer mit ihm fahren. Allein schon wegen seines Händedrucks und seines Lachens ...

Frau Scherbaum

Ich weiß nicht, wie alt Frau Scherbaum ist. Sie muss weit über 80 sein und gehört zur letzten Generation, die noch echtes, reines Kölsch spricht. Sie war von 1991 bis 2008 meine Nachbarin in Köln und wohnte ein Stockwerk unter mir, in einer identisch geschnittenen 56qm-Wohnung, gemeinsam mit ihrem Dackel und zwei Kampfschildkröten. Ich sehe sie bis heute, wenn ich meinen Bruder in der Kölner Südstadt besuche, und bis heute ist sie die Personifizierung der immer freundlichen, fröhlichen Hilfsbereitschaft. Frau Scherbaum hat von jeder Wohnpartei des Hauses einen Schlüssel, falls die Post oder der Handwerker kommt. Sie führt andere Hunde Gassi, wenn deren Besitzer im Haus einmal keine Zeit haben, und ist die Paket-Abholstation fürs ganze Haus. Ihr Mann war Tanklastzugfahrer und verstarb Anfang der 80er Jahren an Krebs; er hatte jahrelang die giftigen Dämpfe einatmen müssen. Seitdem schlägt sie sich mit ihrer bescheidenen Rente durch und hätte jeden Grund, verbittert zu sein. Aber als echter Kölscher Sonnenschein hat sie sich anders entschieden. Sie besitzt einen winzigen Schrebergarten auf der anderen Rheinseite, in Köln ›Schäl Sick‹ genannt, und fährt von April bis Ende Oktober täglich mit ihrem alten Fahrrad, eine große Holzkiste auf dem Gepäckträger, eine halbe Stunde lang nach

Poll, um ihr Gärtchen und Gewächshaus zu versorgen. In der Kiste sitzen die beiden 60 Jahre alten Kampfschildkröten, per Holzwand streng voneinander getrennt, »sonst gräifen die sisch an un' bäißen sisch jejensäitisch«, erklärt sie. Im Schrebergarten entlässt Frau Scherbaum die beiden Schildkröten in getrennte Gehege, damit sie mal Ausgang haben, sich durchs Gras schieben und Grünzeug mampfen können. Den Winter verbringen die beiden Reptilien in ihrer Kiste in Frau Scherbaums Kühlschrank, »da machen se ihren Winterschlaf, bis et wieder wat wärmer is.« Doch mit Nachbarschaftshilfe, Schildkröten, Radeln und Laubenkolonie ist Frau Scherbaums Tagewerk noch lange nicht getan: Wenn sie nachmittags nach Hause kommt, werden die Schildkröten in der Wohnung versorgt, dann geht's mit dem Dackel weiter ins Altersheim um die Ecke. Dort hilft sie aus, Tag für Tag, und kümmert sich um »de alte Lütt«, sprich Senioren, die mit Sicherheit wesentlich jünger sind als sie, selbstverständlich unbezahlt. »Da jibbet nit jenuch Personal, die Lütt sin janz äinsam in so'ne Häim«, sagt die seit bald 40 Jahren allein lebende alte Dame. Man kann Frau Scherbaum immer schon von weitem hören, egal, ob sie ihr Fahrrad aus dem Keller holt oder ob sie nach Hause kommt, immer singt sie mit schöner Stimme vergnügt und leise vor sich hin. Die Sätze, die sie am häufigsten verwendet, sind: »Is joot.« und »Isch fröih misch.«

Menschen wie Herr Wagner und Frau Scherbaum bekommen nie eine Plattform. Es gibt sie überall, aber sie werden nie in irgendwelchen Medien auftauchen. Sie machen ihr fröhliches Ding, uneigennützig, selbstverständlich, egal wie widrig ihre Umstände sein mögen, und sind immer für andere da. Sie sind ›God's good children‹ und bringen Licht in die Welt.

Helmut Huber

Dann gibt es die Menschen, die erst in bestimmte Situationen geraten müssen, um danach zur Höchstform aufzulaufen. Helmut Huber, Brauereiangestellter in einem Dorf in der Nähe von Passau, Hardcore-FC Bayern-Fan und Gründer eines der größten FCB-Fanclubs, gehört zu dieser Sorte Helden. Gebaut wie ein Hüne, mit Händen in der Größe von Bratpfannen spricht Helmut so deftiges Bayrisch, dass ich ihn anfangs kaum verstand. Irgendwann packte ihn im tiefsten Niederbayern das Fernweh, und er entschied sich gemeinsam mit seiner Frau für einen Abenteuer-Urlaub auf Borneo. Anstatt wilden Dschungel mit wilden Tieren sah er hauptsächlich Kahlschlag und endlos monotone Palmöl-Plantagen. Auf einem Markt in einem abgelegenen Kaff in Kalimantan entdeckte er ein Orang-Utan-Junges in einem viel zu kleinen Käfig, das (illegal) als Haustier zum Kauf angeboten wurde. Er hatte Mitleid mit dem eingeklemmten Tier, kaufte es und fuhr auf unbefestigten ›Straßen‹ einen zweitägigen (!) Umweg zu einer Orang-Utan-Rettungsstation im Urwald, um das Affenbaby dort abzugeben. Anstatt ihm zu danken, flippten die Mitarbeiter der Auffangstation aus: »Seid ihr wahnsinnig? Ihr habt für den bezahlt? Genau das hält doch das Geschäft mit Orangs am Laufen!« Andere Touristen hätten sich nun mit eingeklemmtem Schwanz wieder in ihr Resort verzogen, sich für ihre Naivität kurz geschämt und die Sache so schnell wie möglich wieder vergessen. Nicht so Helmut Huber. Der erzählte daheim in Aldersbach von der Geschichte und gründete eine Umwelt- und Hilfsorganisation namens ›Fans for Nature‹. Seitdem fliegen seine Kollegen und Mitglieder des Bayern-Fanclubs turnusmäßig in den indonesischen Regenwald, wo sie abgerodete Waldflächen aufkaufen, Wiederaufforstungsprojekte vorantreiben, Schutzzonen einrichten und Rettungsprojekte für Orangs, Gibbons, Nasenaffen und Leoparden gegründet haben. Dass dabei zahlreiche Jobs für die bettelarme lokale Bevölkerung entstehen und der größte CO_2-Speicher der Welt, nämlich der Regenwald, gerettet wird, sind willkommene Nebeneffekte. Zwei-Meter-Hüne Helmut hat durch das ständige Hin- und Herfliegen und die Knochenarbeit im tropischen Urwald seine Gesundheit weitgehend ruiniert. Aber deswegen aufgeben? Oder vom bayrischen Schreibtisch aus weitermachen? Kommt für ›Huber Helmut‹ nicht in Frage. Wann immer es seine Gesundheit erlaubt, reist er wieder nach Borneo, um anzupacken und dafür zu sorgen, dass jeder gespendete Cent dort ausgegeben wird, wo er hingehört, und sich jedes Projekt erfolgreich weiterentwickelt. Wenn er in der Brauerei arbeiten muss, reisen Mitstreiter in den Dschungel, jeder von ihnen kennt in den Faschings-, Oster-, Pfingst-, Sommer-, Herbst- und Weihnachtsferien seit Jahren nur ein Ziel: Indonesien. Nix Malle, nix Antalya, nix Kreta, Kitzbühel oder Miami, immer nur ›Indo‹. Zurück in Deutschland, geht es gleich weiter mit ihrem Engagement: Spenden einsammeln, ›Regenwald-Nächte‹ und ›Affen-Feste‹ organisieren. Tausende von Freizeit-Stunden – alles ehrenamtlich. »I hob tausend Kinda«, sagt Helmut Huber, »und olle mit rote Hoar.« Es gibt wenig Hilfsorganisationen, für die ich so gerne auf PR- und Spendenfang gehe oder eigene Honorare überweise wie für ›Fans for Nature‹. Was diese kleine Truppe verrückter Bajuwaren aus der hintersten Provinz auf die Beine stellt, ist schier unglaublich. Und versöhnt mich regelmäßig mit dem ›Freistaat von König Horst‹ ...

Heinz Oestmann

Neben Herrn Wagner, Frau Scherbaum und Helmut Huber fällt mir noch jemand ein, der reinsten Dialekt (bzw. Platt) redet und ein wahrer Held ist – was dafür spricht, dass gerade bodenständige Menschen wohl ein besonderes Heldenpotenzial haben. Heinz Oestmann wohnt im Hamburger Stadtteil Finkenwerder und ist Fischer in achter Generation (seit 1740).[39] Für mich ist er einer der größten deutschen Helden der Nachkriegs-Geschichte und ein echtes Vorbild. Nicht nur, weil er als regelmäßig zur See fahrender Fischer seine vier Kinder allein großgezogen hat, nachdem seine Frau an Krebs gestorben war. Oder weil er als junger Mann Motorrad-Rocker war und sich als Anti-AKW-Kämpfer in Brokdorf mit Tränengas traktieren und von der Polizei verprügeln ließ. Oder weil er nach jahrelangem Protest als wirklich allerletzter Bewohner sein Haus im Dorf Altenwerder räumte, nachdem Airbus und die feine Hansestadt Hamburg entschieden hatten, den historischen Ort für den Bau der Airbus-Fabrik dem Boden gleichzumachen. Oder weil er bei Sturm auf hoher See beim Netz-Einholen einmal von einer Ankertrosse gegen einen Poller gequetscht wurde und trotz schwerer innerer Verletzungen, die ihm bis heute zu schaffen machen, weiter auf seinem alten Kutter »Nordstern« Knochenarbeit leistete. Er ist für mich ein besonderer Held, weil er mit seinem unbeugsamen Gerechtigkeitssinn quasi im Alleingang dafür gesorgt hat, dass seit den späten 80ern in der Nordsee keine Dünnsäure mehr verklappt werden darf. Diese Verklappungen gehörten zu den größten Umweltverbrechen weltweit, die Sandoz-Katastrophe im Rhein im Jahr 1986 war ein Klecks dagegen.

In den 70er-Jahren sah Oestmann jeden Tag bei seinem Fang, dass die Nordsee-Fische immer kleiner und verkrüppelter wurden. Natürlich regte es ihn gewaltig auf, dass er alles, was Flossenfäule hatte oder mit Geschwülsten bedeckt war, als unverkäuflich wieder ins Meer schmeißen musste, es ging schließlich auch um seine Existenz. Vor allem aber trieb es ihn zur Weißglut, dass steinreiche,

mächtige Industriekonzerne und deren Manager so rück-
sichtslos die Umwelt und Meere vergifteten. Damals ver-
klappten die Kronos Titan GmbH und Bayer Leverkusen
bis zu 1.200 Tonnen Dünnsäure in der Nordsee. Täglich!
Dünnsäure enthält neben Schwefelsäure auch hochgiftige
Schwermetallsalze wie Blei- oder Chromsalze. Dreißig
Jahre lang war es völlig normal und leider legal, das Zeug
auf diese einfache und vor allem billige Art zu entsorgen:
In den 50er- und 60er-Jahren wurde die Giftbrühe noch
direkt in die Flüsse geleitet, v.a. in den Rhein, später mit
Schiffen in der Nordsee verklappt. Oestmann stellte eine
ganz einfache Frage: »Warum ist es Chemiekonzernen erlaubt, meine Fische zu vergiften?« Mit dieser Frage trieb
er die Behörden in den Wahnsinn und machte sich entsprechend übermächtige Feinde. Denn er gab keine Ruhe.
Heinz Oestmann wollte einfach nur gesunde Fische fangen und gesunde Fische verkaufen. Das scheint einleuch-
tend und für den gesunden Menschenverstand nachvoll-
ziehbar. Nicht so für die Hansestadt, ihre Politiker und
die allmächtige Lobby der Chemie-Industrie. Oestmann
kämpfte wie David gegen Goliath, und obwohl die gegnerischen Armadas von Anwälten, Hamburger Pfeffersäcken,
SPD-Bonzen und Milliarden-schweren Konzernen sämtliche legalen und illegalen Geschütze auffuhren, um ihn
kleinzukriegen, gab Oestmann nicht auf, ließ sich nicht
einschüchtern von Politik und Großkonzernen. Er ist ein zu
aufrechter Mann, um einen so himmelschreienden Skandal
einfach hinzunehmen. Also organisierte er gemeinsam mit
Kollegen und ihren Fischkuttern regelmäßige Blockaden
der beiden Verklappungs-Schiffe »Kronos« und »Titan«, sodass sie lahmgelegt waren und ihre Giftfracht nicht mehr
ins Meer kippen konnten. Mit einem befreundeten Anwalt
verklagte er die beiden Konzerne so lange, bis die Verklap-
pung endlich per Gesetz verboten wurde.

Ich lernte Heinz 2014 in seiner Fischerkneipe in Finkenwerder kennen, da hatte er seine ›Nordstern‹ gerade verkauft. Er war bereits zu zuckerkrank, um noch zur See fahren und fischen zu können. Er gab sich redlich Mühe, hochdeutsch mit mir zu reden, für mich klang es immer noch, als säße ich im ›Ohnsorg‹-Theater. Heinz empfahl mir die Spezialität seines Hauses, Scholle nach Finkenwerder Art. Ich bin seit langem Vegetarier, aber an diesem Abend aß ich meinen ersten Fisch seit 30 Jahren, aus Respekt vor Heinz Oestmann und aus Respekt vor seinem Jahrtausende alten Handwerk, dem Fischfang. Die Scholle schmeckte fantastisch, ich habe selten so lustvoll gesündigt. Und Heinz erzählte und erzählte, in knappen Sätzen, völlig uneitel, unaufgeregt, in seiner bescheidenen, stoischen, seelenruhigen Art. Es war ein großartiger Abend, auch wenn Heinz Oestmann, was Umwelt- und Meeresschutz betrifft, erschreckend pessimistisch ist. Vermutlich weiß er zu viel, hat zu viel gesehen und erlebt, um noch daran zu glauben, dass Vernunft und gesunder Menschenverstand jemals einen Stich machen werden gegen Profitgier, menschliche Kurzsichtigkeit und die Spielregeln des Kapitalismus. Ich war so fasziniert von diesem Mann und seiner Geschichte, dass ich ihn nach etlichen Bierchen bat, mir die Verfilmungs-Rechte an seiner Biografie zu verkaufen. Oestmann verstummte. Er sieht aus wie das Klischee eines alten Seemanns: weiße Haare, weißer Bart, gegerbte Haut, viele geplatzte Äderchen im Gesicht, stechend blaue Augen. Und die durchbohrten mich jetzt ausdauernd, gründlich, und skeptisch. »Mach ma, Jung«, sagte er schließlich, und streckte mir seine Pranke entgegen. Dann gab es frisches Bier und ich fragte mich, warum jedes Kind in Deutschland Franz Beckenbauer kennt, Helene Fischer, Bobbele Becker, Heidi Klum und Dieter Bohlen, aber nicht Heinz Oestmann. Dieser alte Fischer hat das Zeug zum Volkshelden und hatte an diesem einem Abend mehr und Spannenderes zu erzählen als alle diese Promis zusammengenommen. Selbst Heinz' Frauengeschichten hatten wesentlich höheren Unterhaltungswert als die Schoten der o.g. Herren zum Thema Blowjobs in Londoner Besenkammern, »der liebe Gott g'freit si über jedes (uneheliche) Kind«, oder Penis-Bruch beim Sauna-Sex.

Seit diesem Abend in Finkenwerder versuche ich nun, einen Film über Heinz Oestmann auf die Beine zu stellen. Ob Spielfilm oder Doku wäre mir egal, Hauptsache ich kann seine Geschichte erzählen, sie ist einfach zu gut, zu spannend, zu wichtig und inspirierend, um sie in Vergessenheit geraten zu lassen. Meine Option auf Heinz' Biografie läuft demnächst aus, ich habe bis heute keinen Sender oder Produzenten gefunden, der meine Begeisterung teilt. Sogar Heinz' Heimatsender NDR winkte ab. Begründung: »Zu teuer.« Also versuche ich mit diesem Buch, dem alten Fischer mit dem unverbiegbaren Rückgrat ein kleines Denkmal zu setzen. Er hätte ein großes verdient.

Rene, der Koch

Ein kleines Denkmal hätte auch ein Mann verdient, dessen Nachname ich nicht kenne und den ich leider aus den Augen verloren habe. Er hieß Rene, kam aus der ehemaligen DDR und war Koch in einem Schwabinger Restaurant namens ›Seerose‹. Dort hatte ich 2010 mit einer Journalistin gerade zu Mittag gegessen und um die Rechnung gebeten, als ein gutaussehender junger Mann, Typ Surfer, an unseren Tisch kam und fragte, ob er kurz stören dürfe. Er stellte sich als Küchenchef vor und wollte nur schnell loswerden, dass er Fan meiner Doku-Reihe ›Im Einsatz für …‹ sei und vor kurzem den Film über Haie, Überfischung und Verschmutzung der Weltmeere gesehen habe. Ich freute mich wie immer, wenn jemand meine Dokus guckt, und Rene teilte mir noch mit, dass es, seit er Chefkoch der ›Seerose‹ sei, auf der Speisekarte weder Thun- noch Schwertfisch noch andere kritisch überfischte Arten mehr gäbe. Kompliment, finde ich großartig, sagte ich, und versprach, demnächst wiederzukommen. Einen solchen Koch und Laden sollte man nach Kräften unterstützen, dachte ich ... Zwei Wochen später aß ich wieder in der ›Seerose‹ und fragte nach Rene. Der Kellner teilte mir mit, dass er nicht mehr hier arbeite. Die Gäste hatten sich beschwert, dass Rene keinen Thunfisch mehr servieren wollte. Und den wollten sie bitte essen, solange es noch welchen gäbe. »Wenn es irgendwann keinen Thunfisch mehr gibt im Meer, dann essen wir eben einen anderen Fisch!« Weil Rene sich weigerte, einen vom Aussterben bedrohten Speisefisch auf die Karte zu setzen, entließen ihn die Besitzer des Lokals, sie wollten keine unzufriedenen Kunden. Ich versuchte daraufhin herauszufinden, wohin Rene gegangen war bzw. wo er jetzt kochte, aber keiner der ›Seerose‹-Mitarbeiter konnte oder wollte mir Auskunft geben.

Der österreichische Schriftsteller und Dramatiker Thomas Bernhard nannte München einmal eine »hirnlose Stadt, deren kultureller Höhepunkt das Oktoberfest ist«. Dieser Satz fällt mir ein, wenn ich an Rene denke, der standhaft genug war, seiner hirnlosen Klientel die Stirn zu bieten und die Konsequenz zu ziehen.

Rupert Neudeck

Genauso wie er: Nach Ende des Vietnamkriegs 1975 flohen ungefähr 1,5 Millionen Vietnamesen vor den neuen kommunistischen Machthabern und ihren Umerziehungslagern als »Boatpeople« übers Meer. Etwa 250.000 starben bei diesem Fluchtversuch. Viele von ihnen ertranken, als ihre völlig überfüllten Boote kenterten oder einfach nur mit Wasser volliefen. Andere Boote liefen monatelang einen Hafen nach dem anderen an in der Hoffnung, dort an Land

gehen zu dürfen. Doch immer wieder wurden die Flüchtlinge abgewiesen und zurück aufs Meer geschickt, wo sie
vor Hunger und Durst umkamen, in die Hände von Piraten
gerieten oder einfach spurlos verschwanden. Der deutsche
Journalist Rupert Neudeck wollte diesem Massensterben
nicht weiter zusehen, charterte einen Frachter und rüstete
ihn zu einem Hospitalschiff um. Die *Cap Anamur* und viele
freiwillige Helfer retteten von 1979 bis 1986 über 10.000
vietnamesische Flüchtlinge aus dem südchinesischen Meer.
Insgesamt fanden 35.000 Vietnamesen in der damaligen
Bundesrepublik eine neue, sichere Heimat. 2002 gründete
Rupert Neudeck die ›Grünhelme‹, eine Organisation, in der
junge Leute unterschiedlicher Religionen beim Wiederauf-
bau von Krisengebieten zusammenarbeiten.

Neudeck verstarb 2016, doch sein Beispiel zeigt weiter
Wirkung. Fast 40 Jahre nach den ›Boatpeople‹ aus Vietnam
gibt es wieder unzählige überfüllte Schiffe, Schlauchboote
und see-untaugliche Nussschalen voller Flüchtlinge und
Zehntausende von Ertrunkenen – dieses Mal aus Afrika,
dem Nahen und Mittleren Osten. Während den Politikern
nichts Besseres einfällt, als sich um Zuständigkeiten zu streiten, zynische Strategien zur Flüchtlings-Abwehr zu erfinden
oder Fremdenfeindlichkeit zu schüren, gründete der Bran-
denburger Harald Höppner 2015 mit vier weiteren Familien
die Initiative ›Sea Watch‹. Wie seinerzeit Rupert Neudeck
wollten sie nicht tatenlos zuschauen, wie Tag für Tag Menschen im Mittelmeer umkamen. Sie kauften einen Fisch-
kutter, bauten ihn um und statteten ihn mit Rettungsinseln
und anderem Gerät zum Bergen von Schiffbrüchigen aus.

Harald Höppner

Die ›Sea Watch‹ war gerade unterwegs in Richtung Mittelmeer, als Harald Höppner als Gast in Günther Jauchs
Talkshow in der ARD eingeladen wurde. Neben Jauch saß

u.a. Heribert Prantl von der ›Süddeutschen Zeitung‹, der an der EU herumnörgelte und aufzählte, welche Fehler in der Vergangenheit gemacht worden waren. Andere Gäste diskutierten darüber, wie man in Zukunft Auffanglager schaffen müsse für diejenigen Flüchtlinge, die den Höllentrip übers Mittelmeer überleben und es bis nach Europa schaffen. Für Höppner, der als Gesprächsgast im Publikum eine Stunde lang auf seinen Auftritt warten musste, war das Geschwätz und Klugscheißen der Talk-Gäste unerträglich. Er sah keinen Sinn in endlosen Diskussionen. Seine Zeit ist die Gegenwart, er hat keine Lust, über »man hätte aber früher ...« oder »in Zukunft müsste man ...« zu schwadronieren, er will den Menschen *jetzt* helfen. Und weil es am Tag vor der Talkrunde gerade ein besonders schweres Unglück gegeben hatte – ein überfülltes Fischerboot war vor der libyschen Küste gekentert, rund 700 Menschen ertranken –, rief er während seines kurzen Gesprächs mit Jauch zu einer Schweigeminute auf.

Peinlicherweise versuchte Günter Jauch, dies zu verhindern – viele Zuschauer könnten ja umschalten, wenn es nix zu sehen und zu hören gibt: »Ich würde trotzdem gerne, bei allem Gedenken, hier jetzt weiter ...« und blablaba. Doch Harald Höppner schaffte es, das Publikum zu packen: »Man sollte in Deutschland eine Minute Zeit haben, um dieser Menschen zu gedenken«, sagte er, bevor alle aufstanden und die Runde fast eine ganze Sendeminute lang schwieg.

Was für ein großartiger Auftritt. Typen wie Höppner würde ich gern öfters im Fernsehen sehen. Doch daraus wird wohl nichts. Denn wenn ein Gast nicht ›mitspielt‹, plötzlich eigene Ideen entwickelt und den gewohnten Rahmen sprengt, dann wird er nicht mehr eingeladen. Zu groß ist das Risiko, dass so ein ›unkontrollierbarer‹ Gast die Sendung ›stört‹. Das ist der Grund, warum man immer dieselben Nasen in Talkshows sieht: Schwarzer, Henkel,

Altmaier, Sinn, Röttgen, Bosbach, Sarrazin, Wagenknecht, Söder, Oppermann u.v.m. , nicht zu vergessen den in meinen Augen verlogensten aller Lobbyisten, Matthias Wissmann, Ex-Verkehrsmimister und jetzt Sprecher des VdA (Verband der deutschen Automobil-Industrie). Diese Leute sind die bewährten Wanderpokale der zahllosen Talkshows hierzulande, zuverlässig langweilig und vor allem: Sie bereiten dem Talkmaster und seinem Sender keine Überraschungen, jeder kennt die Sprechblasen, die sie mit schöner Regelmäßigkeit absondern.[40]

Es mag jetzt so aussehen, als kämen Held*innen* hier zu kurz. Es gibt mindestens genauso viele wie unter Männern. Aber meine Frauen-Liste wäre so lang, dass man ein eigenes Buch mit ihr füllen könnte. Das liegt auch daran, dass ich seit Jahren eine Aktion einer deutschen Frauenzeitschrift unterstütze, die alljährlich engagierte und couragierte Frauen und ihre Projekte auszeichnet. Wen es interessiert, wie viele fantastische Initiativen bei der ›Goldenen Bild der Frau‹ nominiert und prämiert werden, kann sich auf der gleichnamigen Website informieren und inspirieren lassen.

Und hier nur eine kleine Auswahl von Frauen, deren Wirken ich seit Jahren voller Bewunderung verfolge.

Heldinnen

Anja Reschke (ARD ›Panorama‹) ist eine der begabtesten und mutigsten TV-Journalistinnen hierzulande. Sie erhält mittlerweile derart viele Droh-Briefe, -Mails und Einschüchterungen, dass sie erwägt, mit ihrer Familie ins Ausland zu ziehen.

Dunya Hayali (ZDF) ist ebenso couragiert wie engagiert. Ich kenne wenige Medienleute, die öffentlich eine so dezidierte, aufrechte Haltung zeigen. Dunya muss mehr Shitstorms über sich ergehen lassen als irgendein anderer

Medienmacher. ›Affenfotze‹ und ›Esel-Fickerin‹ gehören zu den harmloseren Beschimpfungen, die sie sich gefallen lassen muss.

Und irgendwie ist auch Angela Merkel eine Heldin. Ich habe sie nie gewählt, fand ihr ewiges Aussitzen, ihr ständiges Jein, ihre Visionslosigkeit, ihr Ja zum Irak-Krieg oder die wiederholten 180-Grad-Kehren beim Atomausstieg schwer erträglich. Aber für ihre Flüchtlingspolitik bewundere ich sie, da zeigte sie im Herbst 2015 zum ersten Mal glasklare Haltung. Trotz aller Anfeindungen ist sie bis zu dem höchst fragwürdigen Deal mit Erdoğan erstaunlich lange standhaft geblieben: Recht muss Recht bleiben (wir haben nun mal ein Grundgesetz, das mit ›Obergrenzen‹ nicht vereinbar ist, Herr Seehofer) und Deutschland kann es verkraften, humanitäre Hilfe zu leisten. Sie hat harte Kritik für ihre Haltung einstecken müssen, sogar aus ihrer eigenen Partei, und hat sich trotzdem nicht von ihrem Kurs abbringen lassen. Jeder männliche Politiker wäre an ihrer Stelle längst eingeknickt.

Jane Goodall

Eine ganz persönliche Heldin ist für mich die ›Dame‹ Jane, wie sie mittlerweile geadelt heißt. Sie ist nicht nur die berühmteste Primaten-Forscherin, sondern auch *die* Umwelt-Aktivistin der Welt. Und mit über 80 gleichzeitig die älteste, jugendlichste und unermüdlichste. Zum ersten Mal traf ich sie, als ich ihr 2008 in Berlin einen ›Bambi‹ für ihr weltweites Umweltengagement überreichen und laudatieren durfte. Ich holte sie am Nachmittag vor der Preisverleihung am Tegeler Flughafen ab, fuhr sie ins Hotel und half ihr mit ihrem Gepäck aufs Zimmer. Sie kam aus Madrid, wo sie einen Vortrag gehalten hatte, und trug einen schlichten Hosenanzug. Ich fragte, ob sie vielleicht einen Tee oder Kaffee möchte? »A cappuccino would be wonderful«, antwortete sie in ihrem makellosen Oxford English. Ich rief den Roomservice an, wenig später brachte ein Kellner den Kaffee mitsamt Silbertablett, Keksen und einer Dose voller Zuckertütchen. Jane nahm den Cappuccino vom Tablett, stellte ihn vor sich auf den Kaffeetisch und stand auf. Dann fummelte sie umständlich in ihren Hosentaschen herum, offenbar suchte sie etwas. Schließlich wurde sie fündig und zog ein fein säuberlich zusammengefaltetes, bereits geöffnetes Zuckertütchen heraus, ›Azucar‹ stand darauf gedruckt. »There's sugar on that tray, Jane« sagte ich, weil ich dachte, sie hätte den Zucker auf dem Tablett übersehen. »Thank you, but I have some left from my last cappuccino in Spain«, erwiderte sie lächelnd. Sie faltete das ›Azucar‹-Tütchen auseinander und leerte den verbliebenen Rest Zucker in ihre Tasse. »You see, I only take half a sachet of sugar in my coffee«, sagte sie und begann zu rühren. Seitdem weiß ich, was konsequent nachhaltiges Leben heißt: Jane Goodall ließ ein halb geleertes Zuckertütchen nicht im Flughafen-Cafe in Madrid liegen, sondern faltete es zusammen, steckte es ein und verwendete die andere Hälfte für ihren nächsten Kaffee viele Stunden später. Und als wäre das nicht genug, hielt sie das leere Tütchen nun hoch, sah sich im Zimmer um und fragte: »Do you think they recycle paper in this place?« Wie bitte? Jane wollte auch noch dieses winzige Stück Papier hier recyceln? Noch etwas wurde mir durch die Begegnung mit Jane Goodall klar: Glaubwürdigkeit, d.h. die Eigenschaft zu sagen, was man tut, und zu tun, was man sagt, nicht Wasser zu predigen und dann Wein zu trinken, ist ein echtes Pfund, ein ziemlich sicheres Erfolgskonzept, gegen das jede Form von Verlogenheit, Unehrlichkeit, Augenwischerei oder Bigotterie wenig Chancen hat. Und genau deshalb ist die Dame Jane Goodall mit ihrer ›Roots & Shoots‹-Bewegung, ihrer ›Jane Goodall Society‹ und allen anderen Aktivitäten so erfolgreich und weltweit bekannt.

Malala Yousafzai

Es gibt noch eine Frau, die ich maßlos bewundere, und die als ganz kleine lokale Heldin angefangen hat. Sie kämpft für das, was wir am dringendsten brauchen: Bildung und Courage. Mittlerweile weiß die ganze Welt, wer sie ist. Sie ist Pakistani, Muslimin und heißt Malala Yousafzai. Als sie elf war, im Jahr 2008, begann sie, für die BBC einen Blog zu schreiben. Das ging nur unter männlichem Pseudonym, denn Malala erzählte in ihrem Blog von ihrem Leben im Swat-Tal in Pakistan, das die Taliban ein Jahr zuvor unter ihre Kontrolle gebracht hatten. Malala berichtete von Auspeitschungen und davon, wie es ist, wenn Musikhören und Tanzen lebensgefährlich sind und die Vollverschleierung zum Gesetz wird. Am wichtigsten aber war diesem minderjährigen Mädchen das Recht auf Bildung; das liegt in der Familie: Ihr Vater war Schulleiter. Mit ihren Ansichten über das Schulrecht für Mädchen machte sich die Familie Feinde. 2009 musste sie aus ihrer Heimatstadt Mingora fliehen, die Kämpfe zwischen Regierungstruppen und Taliban legten alles in Schutt und Asche. 2012 stoppten vermummte Taliban Malalas Schulbus, drangen ein und fragten gezielt nach ihr. Dann jagten sie ihr eine Kugel in den Kopf. Wie durch ein Wunder überlebt sie den Anschlag. Nach monatelangem Koma und sieben Operationen in einer britischen Klinik lebt die jüngste Nobelpreisträgerin aller Zeiten heute mit ihrer Familie in Birmingham und kämpft weiter für das Recht auf Bildung, denn »nur Unwissenheit macht Extremismus möglich.«

Gern würde ich hier auch einheimische, durchaus sympathische Stars erwähnen, sie hätten jedes erdenkliche Potential zur Vorbildfunktion und entsprechend große Wirkung. Aber leider machen Stars dieses Kalibers hierzulande jenseits von atemlosen Singsang nur ungern die Klappe auf, um Stellung zu beziehen. Von Ausnahmen wie Udo Lindenberg, Wolfgang Niedecken, Clueso oder Thomas D. einmal abgesehen. Es wäre ausgesprochen produktiv, wenn eine Frau mit Migrationshintergrund wie Fischer, einmal erkennbare Haltung zeigen (und sich vielleicht auch mal ambitioniertere Songschreiber suchen) würde. Das könnte Vieles ins Rollen bringen.

Martin Stuchtey

Dinge ins Rollen bringen – das kann auch funktionieren, indem man sein eigenes Leben überdenkt und kurz mal einen mentalen Kassensturz macht. Martin Stuchtey hat das getan. Bis vor kurzem gehörte er zum Führungskreis von McKinsey, einer Firma, die weltweit Konzerne, Banken und Regierungen berät. Sein Firmenwagen kostete einen sechsstelligen Betrag; wie ein Sitz in der Business- oder Economy-Klasse einer Airline aussah, war ihm unbekannt, Martin war Spesenritter der edelsten Sorte. Er betreute 20 Jahre lang fragwürdige Konzerne wie Nestlé und H&M, die zwar PR-trächtig schicke Nachhaltigkeitsberichte von der Dicke alter Telefonbücher drucken, aber in Wirklichkeit so ziemlich alles tun, was Menschen und Umwelt ausbeutet und krank macht. Als Martin noch bei McKinsey arbeitete, erzählte er mir von Konsumgüter-, Auto- und Mode-Managern, die ihm hinter vorgehaltener Hand zuflüsterten: »Wir wissen, dass unser Geschäftsmodell auf Dauer ein Auslauf-Modell ist, dass es ziemlich scheiße und wenig nachhaltig ist, was wir machen.« Die aber so taten, als würden sie in einem Zug sitzen, aus dem sie nicht aussteigen können. »Wenn wir's nicht machen, macht's ein anderer« ist ihr fadenscheiniger Vorwand, weiterhin Mensch und Natur zu missbrauchen, möglichst viel Rendite zu machen und obszöne Gehälter einzustreichen. Stuchtey, selbst Top-Verdiener, Bergsteiger, regelmäßiger Teilnehmer der

Davos-Konferenz, Vater von sechs (!) Kindern von ein und derselben Frau (!!) kamen Zweifel. Klassischer Berufsburnout? Midlife-Crisis? Eher die Sinnfrage: »Ist das eigentlich in Ordnung, was wir hier machen?« Martin beantwortete diese Frage, indem er hinschmiss und eine Unternehmensberatung der anderen Art gründete. Sie heißt ›SYSTEMIQ‹ und macht das Gegenteil von McKinsey und anderen klassischen Beratungskonzernen: Martin setzt sein profundes Wissen jetzt nicht mehr ein, um seinen Kunden zu noch höheren Renditen zu verhelfen, sondern um ihnen zu zeigen, dass nachhaltiges, in Kreisläufen organisiertes, soziales und umweltverträgliches Denken, Arbeiten und Produzieren in Zukunft eine Frage des Überlebens sein wird. Weil er Vor- und Nachdenker ist, hat Martin sowohl sein bisheriges Geschäftsmodell als auch sein Leben auf den Kopf gestellt. Er sitzt im Flieger jetzt lachend neben mir in der Economy Class, fährt ein Studenten-Auto, speist mit mir in einem von Obdach- und Arbeitslosen betriebenem Restaurant und zerbricht sich erstaunlich gut gelaunt den Kopf darüber, wie man unser Wirtschafts- und Gesellschaftssystem so umkrempeln kann, dass wir Mutter Erde nicht bis zur Unbewohnbarkeit herunterwirtschaften oder auf einem anderen Planeten siedeln müssen.

Bruce Lampcov

Man muss sein Leben aber nicht wie Martin Stuchtey auf den Kopf stellen, um etwas zu bewegen. Manchmal reicht die Lektüre eines Zeitungsartikels, um seinem bisherigen Leben eine kleine Facette hinzuzufügen. Die Geschichte meines Freundes Bruce Lampcov beweist, dass man seinen vertrauten Alltagstrott beibehalten und mit einem neuen Hobby die Welt verändern kann. Bruce stammt aus einer jüdischen Familie, wuchs in ›Motown‹ Detroit auf, studierte Environmental Engineering und fand mit diesem seinerzeit exotischen

Studium in den 70ern keinen Job. Um sich über Wasser halten und gelegentlich eine Tüte rauchen zu können, putzte er als Aushilfe in einem New Yorker Tonstudio namens ›Power Station‹. Dort nahm alles, was in Rock, R&B und Pop Rang und Namen hatte, seine Platten auf. Bruce war großer Musik-Fan und bewarb sich für ein Praktikum. Er holte Kaffee, Softdrinks und Sandwiches für Musiker und Toningenieure, gelegentlich auch weniger legale Substanzen, arbeitete sich hoch, wurde Assistent des ›Recording Engineers‹. Ende der 70er war er der gefragteste Ton-Ingenieur und Sound-Mixer in New York, arbeitete mit Neil Young, Springsteen, Bowie, Bryan Adams und begann zu produzieren. Dann hörte er, was die Kollegen in London so trieben, und fand den US-Rock-Sound plötzlich abgelutscht und fade. »They sounded so much« better, fresher than us«, dachte er und zog nach England. Er heiratete eine dänische Kampfsportlerin, gründete eine Familie mit ihr und produzierte zwanzig Jahre Top-Acts der UK-Rock- und Pop-Branche. Anfang der Nuller-Jahre fand er den britischen Sound abgelutscht und fade, zog zurück in die USA, diesmal nach L.A., und produzierte US-Indie-Bands. Mittlerweile Anfang 50 lernt er nebenbei Cello spielen, Surfen, Tauchen und biologisch-dynamischen Gemüseanbau in seinem Garten. Bruce wird schnell unglücklich, wenn er nicht regelmäßig etwas Neues lernen kann.

Eines Tages sitzt Bruce auf seiner Terrasse in Malibu und liest in der ›L.A. Times‹, dass die Bienen aussterben, wegen Agrar-Monokultur, Monsanto, Bayer, Insektiziden, Pestiziden … Der Bienenbestand in den USA ist bereits um 50 Prozent zurückgegangen. Wie bitte? Bruce ist geschockt: Da muss man doch was tun! Er googelt, findet schnell die ›LA Beekeepers Association‹, belegt dort einen Laien-Kurs in ›beekeeping‹ (Imkerei) und kauft sich seinen ersten Bienenstock, inklusive einer Königin und ihrem Volk. Das war 2007. Heute gibt es in den meisten Bioläden in L.A. Gläser mit ›Bruce's Malibu Honey‹. Er besitzt und pflegt 750.000 Bienen und ist einen Tag pro Woche nicht ansprechbar. Dann zieht er sich seinen weißen Anzug und Schutzhaube an, wuselt selig zwischen seinen Bienenstöcken herum, macht den Imker, erntet seinen Bio-Honig und geht anschließend zurück in sein Tonstudio. Bruce gehört zu den entspanntesten, ausgeglichensten Menschen, die ich kenne. Und wenn es ihm mal nicht so gut geht, was er ›hitting a funk‹ nennt, verabschiedet er sich höflich (»gotta see my bees«), zieht den weißen Schutzanzug an und verschwindet zwischen seinen Bienenstöcken. Dort züchtet er die ganz kleinen Helden/innen, ohne die wir weder Obst noch Nüsse noch Gemüse essen würden ...

Die letzten Helden dieses Kapitels kenne ich nur aus der Zeitung. Einer von ihnen ist ›local‹, der andere ›global‹. Am Valentinstag 2017 bemerkt ein Tesla-Fahrer auf der A 9 in der Nähe von München vor ihm ein Auto, das wilde Schlangenlinien fährt. Als er den schlingernden Wagen überholt, stellt er fest, dass der Fahrer ohnmächtig über dem Lenkrad zusammengebrochen ist. Der Tesla-Fahrer überlegt nicht lange, setzt seinen Wagen direkt vor das ›führerlose‹ Auto und bremst es, Stoßstange an Stoßstange, so aus, dass es sicher auf der Standspur zum Stehen kommt. Er rettet damit den Fahrer (er wird notärztlich versorgt) und ruiniert sein schickes Auto.[41] Zwei Tage später meldet sich bei diesem lokalen Alltagshelden der Chef von Tesla und globale Star des Silicon Valley, Elon Musk. Er wolle nur mitteilen, dass er und seine Marke Tesla für den Schaden am schönen E-Auto aufkämen.[42] Was für ein Gespann: Der eine beweist atemberaubenden Mut, der andere, dass man im Gegensatz zur deutschen Automobilindustrie mit mutigen Visionen nicht Teil der Feinstaub- und Klimakrise sein muss, sondern zu deren Lösung beitragen kann.

We can beat them, just for one day.
We can be heroes, just for one day.
We can be us, just for one day.

(David Bowie, Heroes)

Ein jiddisches Sprichwort sagt: »Wenn alle nur in eine Richtung rudern würden, müsste die Welt kentern.« Man kann also weder hauptberuflich oder abendfüllend Vollzeit-Held noch Herdentier sein. Weder kann ich immer nur mit der Herde laufen, noch dauernd gegen sie. In gewissen Situationen, siehe Straßenverkehr, bedeutet Herdenverhalten Sicherheit und Schutz. In anderen Situationen ist Individualismus aber dringend nötig, v.a. wenn es darum geht, bestehende Missstände zu ändern und zu verbessern, egal ob es die eigenen sind oder die anderer. Einstein sagte einmal den schönen Satz: »Die reinste Form des Wahnsinns ist, alles beim Alten zu lassen und gleichzeitig zu hoffen, dass sich etwas ändert.«

Und für jede Veränderung brauchen wir Individualisten, Querdenker, kleine und große Helden. Einstein weiter: »Versuche nicht, ein erfolgreicher, sondern ein wertvoller Mensch zu sein. Ein Leben, das vor allem auf die Erfüllung persönlicher Bedürfnisse ausgerichtet ist, führt früher oder später zu bitterer Enttäuschung.«

Ob Buddha oder Jesus, Mohammed oder der Dalai Lama – sie alle sagen sinngemäß dasselbe: »Sei nicht egoistisch, sondern sozial. Kümmere dich um die Menschen um dich herum und respektiere sie. Teile, was du hast oder entbehren kannst. Sei einfach ein anständiger Mensch.« Englischsprachige Juden sagen über Zeitgenossen, die diese simplen Regeln beherzigen, lustigerweise ganz deutsch (bzw. Jiddisch): »He (or she) is *a Mensch!*« Im Jiddischen geht man also davon aus, dass der Mensch erst einmal gut ist, nicht schlecht. Wer heutzutage Medien konsumiert und sich nur oberflächlich umsieht, wird das für naiv halten. Mord und Totschlag überall, Lug und Trug, Korruption und Gier, Armut und Elend – die Welt scheint schlecht. Umso dringender brauchen wir Menschen, die die Welt so nicht akzeptieren. Die ihr bei ihrem krummen Gang nicht passiv und tatenlos zusehen, nach dem hessischen Motto: »Kann mer mache nix, muss mer gugge zu.« Die nicht denken und sagen: »Bevor ich mich aufrege, ist es mir lieber egal«, oder den Kopf in den Sand stecken. Die nicht arschkriechen, weil es bequemer und erfolgversprechender scheint. Und die vor allem ihren Humor nicht verlieren, egal wie sehr die Kacke am Dampfen ist. Wir brauchen Menschen, die nie aufhören, Fragen zu stellen. Die hinsehen, nach- und vorausdenken. Die kapieren, dass die meisten Probleme nicht daher kommen, dass viele Menschen böse, dumm oder gierig sind, sondern daher, dass es zu viele Menschen gibt, die dem Treiben der Bösen, Dummen und Gierigen untätig zusehen und nichts dagegen unternehmen.

Jeder von uns bekommt mit schöner Regelmäßigkeit einen Arschtritt, egal ob das Schicksal ihn uns verpasst, widrige Umstände oder garstige Mitmenschen. Und jeder von uns hat nach diesem Tritt zwei Optionen: a) die Opfer-Variante: stolpern, auf die Fresse fallen und jammern. Oder b) die Helden-Variante: Man nutzt den Schwung des Arschtritts, um vorwärtszukommen.

Helden lächeln oft, es kostet nichts. Helden sind meistens freundlich, es kostet auch nichts. Helden halten sich nicht für Helden, schon der Gedanke daran wäre Zeitverschwendung. Helden denken nicht darüber nach, ob sie Helden sind oder werden wollen, auch das wäre Zeitver schwendung. Helden denken auch nicht darüber nach, was andere über sie denken, sie wissen, dass sie es sowieso nicht beeinflussen können. Helden quatschen in der Regel wenig, sie machen einfach. Helden warten nicht auf andere. Helden halten eine Minute länger durch als der Rest von uns. Helden stehen wieder auf, wenn sie hingefallen sind. Helden geben nicht auf, das wäre schlecht fürs Selbstwertgefühl und den Blick in den Spiegel. Helden lügen nur, wenn es gar nicht mehr anders geht, sie müssten sich sonst zu viel merken. Helden sind neugierig und gehen mit offenen Augen durchs Leben, sonst wüssten sie nicht, wo sie gebraucht werden und etwas bewirken können. Helden interessieren sich für andere; sich nur mit sich selbst zu beschäftigen ist ihnen zu langweilig. Helden machen sich genauso ins Hemd wie andere, aber sie nehmen das nasse Hemd in Kauf, um zu tun, was zu tun ist, und anschließend still und leise stolz darauf und zufrieden zu sein. Helden inspirieren andere. Helden opfern Zeit, Geld, Energie, ohne zu fragen, ob sie etwas zurückbekommen. Ihr Lohn ist das Gefühl, zur richtigen Zeit das Richtige getan zu haben.

Einem Helden geht es dann richtig gut, wenn es anderen nicht mehr schlecht geht. Helden sind nur selten rund um die Uhr Helden, sie sind Teilzeit-Arbeiter, die dann aktiv werden, wenn sich die Möglichkeit ergibt und sie gebraucht werden. Große Helden haben auch klein angefangen. Die meisten Helden sind kleine Helden, leise Helden, unauffällige Helden, man erkennt sie erst bei genauem Hinsehen oder wenn sie einem unerwartet aus der Patsche helfen. Und daran, dass sie zufriedener, ausgeglichener und fröhlicher wirken als andere.

Und noch was: Helden benutzen das Wort ›Held‹ so gut wie nie. Sie sind Menschen wie du und ich. Nur entscheiden sie sich vielleicht etwas öfter, das Richtige zu tun: sich zu benehmen ›like a Mensch‹. Auch wenn dieses Wort im

Deutschen eher eine biologische Spezies beschreibt als Helden oder gute Menschen (bitte nicht verwechseln mit ›Gutmensch‹) – es lohnt sich ›to be a mensch‹. Weil jeder von uns einmal in die Situation kommen kann, einen Helden zu brauchen. Weil man vielleicht der Einzige oder Letzte sein könnte, der die Chance hat zu helfen. Und weil man am Ende des Tages einfach zufriedener ist. Die wenigsten von uns können Weltbewegendes vollbringen. Aber jeder von uns kann jede Menge kleiner Dinge vorbildlich tun:

Ein kleiner Junge geht nach einem schweren Sturm am Strand entlang und wirft angespülte, gestrandete Seesterne ins Meer zurück.[43] Einen nach dem anderen, unermüdlich, damit sie nicht austrocknen und sterben. Ein alter Mann kommt vorbei und fragt »Was machst du denn da?« – »Ich rette die Seesterne hier.« Der alte Mann lacht. »Guck mal vor dir auf den Strand! Da liegen tausende von den Dingern, was hilft es, wenn du ein paar von ihnen ins Meer zurückschmeißt?!« Unbeirrt hebt der Junge einen weiteren Seestern auf, hält ihn dem alten Mann hin und sagt: »Dem hier hilft's.« Wirft ihn in hohem Bogen ins Meer, geht weiter, und hebt den nächsten auf …

»Everybody can make a difference.
And every man should try.«

(John F. Kennedy)

DANKSAGUNG

....

Dieses Buch wäre nicht ohne die Hilfe von großartigen Freunden/innen und Mitstreiter/innen entstanden.

Mein herzlicher Dank gilt Bettina Burchardt, Stefanie Brendl, Iris Oberth, meiner unermüdlichen, chronisch gut gelaunten Lektorin und Presseleiterin Renate Hofmann, meinem Verleger Ralf Markmeier, ohne dessen Begeisterungsfähigkeit und Leidenschaft ich bis heute nägelkauend dasitzen und überlegen würde, worüber zu schreiben sich lohnen würde.

Ein ganz persönlicher Dank geht an Sandra Paule für das unglaublich professionelle Organisieren und Sortieren meines Chaos, und an Nathalie für ihre Geduld und Unterstützung ...

ANMERKUNGEN

1   Beitrag von Caroline Krüll in: *Focus online Money*, 14.02.2009. Quelle: http://www.focus.de/finanzen/karriere/manage ment/business-knigge/tid-13401/coaching-die-innere-haltung_aid_370952.html

2   Max-Planck-Institut für Evolutionäre Anthropologie in Leipzig. Veröffentlicht in: *Child Development*. Quelle: http://www.sueddeutsche.de/wissen/psychologie-konformisten-im-kindergarten-1.1173374

3   http://www.bz-berlin.de/berlin/nun-gibt-es-sogar-eine-unfall-versicherung-fuer-pokemon-spieler

4   http://www.forschungsgruppe.de/Umfragen/Politbarometer/Archiv/Politbarometer_2015/Dezember_2015/

5   Meinungsforschungsinstitut GfK (Quelle: http://www.zeit.de/gesellschaft/zeitgeschehen/2015-12/umfrage-german-angst)

6   Titel eines Fassbinder-Films, nach einem afrikanischen Sprichwort

7   https://www.ruv.de/presse/aengste-der-deutschen

8   http://www.nzz.ch/articleDB8BY-1.187208

9   Gerd Gigerenzer, Wolfgang Gaissmaier (2006): *Ironie des Terrors.* In: *Gehirn und Geist* 9, 14–16.

10 Aus der *Bibel*: Weisheit 17,12.

11 Anna Durnova: In den Händen der Ärzte: *Ignaz Semmelweis* – Pionier der Hygiene. Wien 2015

12 http://www.n-tv.de/wissen/Herdentrieb-stark-ausgepraegt-article251302.html Universität Leeds

13 Craig Reynold's Webseite, auf der er diese Regeln erklärt: http://www.red3d.com/cwr/boids/

14 http://www.taz.de/1/archiv/digitaz/artikel/?ressort=wi&dig-2013%2F06%2F29%2Fa0016

15 http://www.sz-online.de/nachrichten/kultur/bitte-nicht-im-sitzen-lesen-3629759.html

16 http://www.spiegel.de/forum/auto/abgewuergt-die-letzten-tage-von-pompoes-thread-4196-45.html

17 https://www.welt.de/gesundheit/psychologie/article5393400/Warum-der-Mensch-zur-Schadenfreude-neigt.html

18 http://de.reuters.com/article/deutschland-sicherheit-fluechtlinge-csu-idDEKCN10918L

19 http://www.zeit.de/politik/deutschland/2016-07/horst-seehofer-fluechtlingspolitik-angela-merkel-distanzierung

20 https://www.torial.com/ullrich.kroemer/portfolio/44849

21 http://www.spiegel.de/sport/sonst/olympia-2016-markus-deibler-kritisiert-sportfoerderung-in-deutschland-a-1107311.html

22 FAZ, 7.12.2016 »Der Sport hat keine moralische Instanz mehr« (Abdruck der Laudatio von Hans Wilhelm Gäb anlässlich der Verleihung des Anti-Doping-Preises an Stepanowa am 12.11.2016 in Berlin)

23 FAZ 28.9.2016; https://www.newscientist.com/article/2078945-people-will-follow-a-robot-in-an-emergency-even-if-its-wrong/

24 Rheinische Post vom 26.5.2016

25 http://www.hagalil.com/2010/10/frankl/

26 Aus: *Das Bildnis des Dorian Gray*, Kapitel 4, Zitat von Lord Henry.

27 Allensbacher Kurzbericht vom 15. Januar 2013 zum Thema »Die Vorbilder der Deutschen«

28 http://www.presseportal.de/pm/52678/3098491

29 http://werteindex.de

30 So der Titel seines Buches in der Reihe: Kleine Bücherei für Hand und Kopf. Band 41. Hamburg 2011.

31 http://www.deutschlandfunk.de/asylverfahren-warum-die-niederlaender-aufs-tempo-druecken.795.de.html?dram:ar ticle_id=308026

32 Bundesamt für Migration (BAMF); https://www.welt.de/politik/deutschland/article145595071/So-wird-die-Dauer-von-Asylverfahren-verschleiert.html

33 https://www.welt.de/print/welt_kompakt/print_politik/article145595949/In-Norwegen-dauert-ein-Asylverfahren-48-Stunden.html

34 https://www.welt.de/reise/article3800743/Deutsche-Flugreisende-meckern-am-meisten.html (2009)

35 http://www.brigitte.de/gesund/gesundheit/jammern-schadet-eurem-gehirn-und-der-gesundheit-10904536.html

36 http://www.medicaldaily.com/anxiety-vs-stress-vs-nervousness-how-they-differ-symptoms-and-what-do-410961

37   Vgl. dazu: http://www.spiegel.de/gesundheit/psychologie/
     dankbarkeit-die-wurzel-fuer-gesundheit-und-wohlbefinden-
     a-1124119.html

38   https://www.welt.de/politik/deutschland/article13813483/
     Warum-sich-die-Deutschen-selbst-nicht-moegen.html (Die Studie
     stammt von 2012, also noch bevor 2015/2016 mehr Flüchtlinge
     als je zuvor kamen.)

39   http://www.abendblatt.de/hamburg/article113501425/Heinz-
     Oestmann-Der-alte-Fischer-mag-nicht-mehr.html

40   Auszug aus der Webseite https://sea-watch.org/: »Angesichts der
     humanitären Katastrophe mit Tausenden von Toten im Mittel-
     meer entstand 2014 die Idee für das Projekt Sea-Watch. Im Früh-
     jahr 2015 kauften wir einen alten Kutter und bauten ihn für den
     Einsatz zur Seenotrettung um. Mithilfe von zahlreichen ehrenamt-
     lichen Aktivist/innen, die das Projekt in Deutschland aufbauten
     oder als Crewmitglieder seit Juni 2015 im Mittelmeer zwischen
     Libyen und Italien mitfuhren, ist es uns gelungen, Tausende von
     Menschen effektiv zu retten. Das freiwillige Engagement von Vie-
     len ist der Kern unserer Arbeit. Sie haben uns ihr Wissen und ihre
     Fähigkeiten in der Seefahrt, Medizin, Mechanik, Logistik, Öffent-
     lichkeitsarbeit und vieles mehr zur Verfügung gestellt. Die Lücke
     einer institutionalisierten, flächendeckenden Seenotrettung mit
     klarem Mandat, wie etwa Mare Nostrum, die mehr als 130.000
     Menschen retteten, aber von der EU nicht übernommen und da-
     her beendet wurde, versuchen wir, so lange wie möglich und im
     Rahmen unserer Möglichkeiten zu füllen. Wir halten dies für un-
     sere humanitäre Pflicht. Dass jedoch private Organisationen die
     Seenotrettung im Mittelmeer anstelle von Staaten übernehmen,
     kann und sollte kein Dauerzustand werden!«

41   http://www.sueddeutsche.de/muenchen/spektakulaere-rettung-
     kein-held-das-sieht-der-tesla-chef-ganz-anders-1.3380666

42   http://www.spiegel.de/auto/aktuell/elon-musk-kommt-fuer-
     reperaturkosten-nach-unfall-auf-a9-bei-muenchen-auf-a-1134835.
     html

43   Erzählt nach Patrick Porter: *Entdecke dein Gehirn*. Paderborn 1997

Ein Psychiater schlägt Alarm:
Unser Problem sind nicht die Verrückten, sondern die Normalen!

Dieses Buch ist eine scharfzüngige Gesellschaftsanalyse und zugleich eine heitere Einführung in die Seelenkunde. Was ist Depression, Panik und Schizophrenie, was ist Sucht, Demenz und all das und was kann man dagegen tun? Der Bestsellerautor Manfred Lütz, einer der bekanntesten deutschen Psychiater, verspricht: alle Diagnosen, alle Therapien auf einen Blick, und das noch unterhaltsam. Irre!

PENGUIN VERLAG

Zum 100. Geburtstag von
Nelson Mandela im Juli 2018

»Mut ist nicht die Abwesenheit von Furcht, sondern
deren Überwindung.« Nelson Mandela war ein Mensch,
der Momente tiefster Verzweiflung durchlebte, ohne
je das Vertrauen in sich selbst zu verlieren – und ein
mutiger Mann, der keine andere Wahl hatte, als sich
der Geschichte zu stellen. Dieses Buch versammelt die
beeindruckendsten und historisch bedeutsamsten Zitate
des Friedensnobelpreisträgers. Seine universellen und
gleichzeitig zutiefst persönlichen Worte und Gedanken
inspirieren, bewegen und regen zum Nachdenken an.

PENGUIN VERLAG

Verlagsgruppe Random House FSC® N001967

PENGUIN und das Penguin Logo sind Markenzeichen
von Penguin Books Limited und werden
hier unter Lizenz benutzt.

1. Auflage 2018
Copyright © der Originalausgabe 2017 by
Gütersloher Verlagshaus, Gütersloh,
in der Verlagsgruppe Random House GmbH,
Neumarkter Straße 28, 81673 München
Covergestaltung: bürosüd nach einem Entwurf von
Gütersloher Verlagshaus
Covermotiv: Steffi Henn / GLAMPOOL
Konzeptions- und Textberatung: Dr. Bettina Burchardt
Druck und Bindung: GGP Media GmbH, Pößneck
Printed in Germany
ISBN 978-3-328-10297-7
www.penguin-verlag.de

 Dieses Buch ist auch als E-Book erhältlich.